In seinem privaten Blog schreibt Edvard über alles, was ihn bewegt: Seine megatoleranten – und megapeinlichen – Eltern. Den Nachbarsköter, in dessen Tretminen er immer mit absoluter Treffsicherheit reinlatscht. Und Henk natürlich – Edvards Erzfeind. Als dann Karla neu in seine Klasse kommt und der von Edvard erfundene »Jason« ein bizarres Eigenleben entwickelt, droht Edvards Leben ins totale Chaos abzustürzen.

Zoë Beck ist Schriftstellerin, Übersetzerin, Verlegerin und Synchronregisseurin für Film und Fernsehen. Sie lebt und arbeitet in Berlin. Zoë Becks Romane wurden mit zahlreichen Preisen ausgezeichnet. *Edvard* ist ihr erstes Jugendbuch.

ZOË BECK

EDVARD

MEIN LEBEN,
MEINE GEHEIMNISSE

· ·

★ INSEL

Der vorliegende Text ist eine von der Autorin
überarbeitete Version des 2012 beim Baumhaus Verlag, Köln,
erschienenen gleichnamigen Titels.

Klimaneutral
Druckprodukt
ClimatePartner.com/14438-2110-1001

Erste Auflage 2023
Revidierte Neuausgabe
© Insel Verlag Anton Kippenberg
GmbH & Co. KG, Berlin, 2023
Alle Rechte vorbehalten. Wir behalten uns auch eine
Nutzung des Werks für Text und Data Mining
im Sinne von § 44b UrhG vor.
Umschlaggestaltung: zero-media.net, München
Umschlagabbildungen: FinePic®, München
Druck: CPI books GmbH, Leck
Printed in Germany
ISBN 978-3-458-64413-2

www.insel-verlag.de

★ **EDVARD**

Wenn ich Glück habe, sterbe ich, bevor die Schule wieder losgeht. Ich bin Henk über den Weg gelaufen, als ich einkaufen war. Henk ist mit mir in einer Klasse, und er kann mich nicht leiden. Er war allein, und ich denke noch so: Hoffentlich hält er die Klappe, wenn er ohne seine Kumpels unterwegs ist. Dann hat er kein Publikum.

Ich reiche ihm offenbar als Publikum.

Er kommt zu mir und sagt: »Hey, Dumpfbacke, bist du gewachsen oder haben dich Aliens gegen deinen großen Bruder ausgetauscht, von dem nicht mal deine Eltern was wussten?«

Ich bin zehn Zentimeter gewachsen. Einfach so. Das muss über Nacht passiert sein.

»Hau ab«, sage ich.

Henk kreischt vor Lachen. »Ey, weißt du eigentlich, wie scheiße das ist? Du bist jetzt größer als ich und sprichst wie ein Mädchen!«

»Verpiss dich«, sage ich.

»Ich hab nen neuen Namen für dich. Ab heute nenn ich dich nicht mehr Dumpfbacke.«

»Fall tot um«, sage ich.

»Ab heute heißt du ›Mädchen‹! Scheiße, ich mach mir in die Hose vor Lachen!«

»Du bist ein stinkender Penner«, sage ich und biege schnell in den Biosupermarkt ab.

Ich schnappe mir einen Einkaufskorb und renne durch die Gänge. Gerade schaue ich über die Schulter, um sicherzugehen, dass Henk mir nicht gefolgt ist, da knalle ich frontal in einen

Einkaufswagen, der vor den Nudeln parkt. Der Einkaufswagen gehört zu Constanze und ihrer Mutter.

»Ist das nicht der Sohn von den de Vignys?«, sagt ihre Mutter total laut.

»Oh, hi Edvard«, sagt Constanze.

Ich merke, dass ich rot werde. Ich will auch Hallo sagen, aber dann fällt mir ein, dass ich wie ein Mädchen klinge, also sage ich nichts und renne einfach weiter zu den Putzmitteln. Ich höre noch, wie Constanzes Mutter hinter mir herruft: »Grüß deinen Vater schön!«, bevor ich den Sonderaufsteller mit dem Kaffee umschmeiße.

Ich muss auswandern.

Nur noch eine Woche Ferien und immer noch keine Haare auf der Brust. Ich habe auch keine Muskeln bekommen, obwohl ich gelesen habe, dass man in meinem Alter wie von selbst Muskeln kriegt, ganz egal, ob man viel Sport macht oder nicht. (Ich mache gar keinen Sport.) Und ich bin noch nicht im Stimmbruch. Ich passe nicht mehr in meine Klamotten. Zum Glück ist es so heiß, dass ich keine langen Hosen tragen muss. Die gehen mir nämlich nur noch bis zum Knie. (Also, nicht ganz, aber so ungefähr.) Neue Schuhe brauche ich auch, aber nicht nur, weil meine Füße jetzt so riesig groß sind (auch irgendwie über Nacht). Vorhin, als ich schnell zum Bäcker gerannt bin und Brötchen geholt hab, weil mir meine Eltern mal wieder nur Vollkornbrot dagelassen hatten, bin ich natürlich voll in einer Monstertretmine gelandet, die der hässliche Pudel von dem Alten im Haus neben uns hinterlassen hat. Der Alte macht natürlich nie die Kacke von seinem Drecksköter weg. Jeder in der Straße hasst ihn, und jeder weiß auch, dass sein Hund der einzige ist, der mitten auf die Bürgersteige scheißt, aber keiner traut sich, dem Alten mal so richtig die Meinung zu sagen. Irgendwie redet keiner mit ihm, und er redet mit keinem. Seltsamer Typ. Jedenfalls, meine Schuhe kann ich jetzt wegschmeißen, die werden doch nie wieder richtig sauber. Das war jetzt schon das siebte Mal dieses Jahr, dass ich in eine Tretmine gelatscht bin. Ich hasse den Alten. Den Dreckspudel noch mehr. Muss Mama schreiben, damit sie mir neue Schuhe mitbringt. Größe 49, mindestens.

★ Freitag, 19.8., 17:58 Uhr

Ich habe nachgedacht. Es gibt nur zwei Möglichkeiten: Entweder ist dieses Gerede über die Pubertät eine einzige riesige Medienkampagne, die erfunden wurde, um Jungs wie mich in den Selbstmord zu treiben, oder meine Eltern haben mein Geburtsdatum gefälscht, ich bin in echt viel jünger, und der Stimmbruch und das alles kommt noch.

Ich tendiere zu Möglichkeit zwei. Meinen Eltern traue ich alles zu.

(Ich habe ja noch eine Theorie: Sie *kennen* mein Geburtsdatum gar nicht so genau, weil sie mich irgendwo gefunden haben, nachdem mich meine echten Eltern ausgesetzt hatten. Das würde alles erklären. *Alles.*)

Das mit den Haaren ärgert mich am meisten, weil ich große Hoffnungen darauf gesetzt hatte. Ich war schon immer der Dünnste in der Klasse. Jetzt bin ich noch dünner als die anderen, überrage sie aber um ein paar Meter und habe eine Piepsstimme. Das wäre noch okay gewesen, wenn ich wenigstens Haare auf der Brust bekommen hätte. Henk zum Beispiel rasiert sich morgens nicht nur im Gesicht, sondern auch unter den Armen und auf der Brust. (Und Arthur hat mal gesagt: »Du willst nicht wissen, wo er sich noch rasiert.« Ich will nicht wissen, wo er sich noch rasiert.) ((Vielleicht haben Henks Eltern ja auch sein Geburtsdatum gefälscht, und er ist in Wirklichkeit zwei Jahre älter, als er glaubt.)) (((Um das klarzustellen: Ich habe schon Haare. Aber eben nicht auf der Brust.))) ((((Ich meine jetzt nicht die Haare auf dem Kopf.))))

In den letzten Wochen habe ich alles probiert, damit mir

Brusthaare wachsen und ich sie wegrasieren kann. Sogar Papas Koffeinshampoo hab ich jeden Morgen zum Duschen benutzt und extralang auf der Brust einwirken lassen, weil draufsteht, dass es Haarwachstum nachweislich fördert. Keine Ahnung, wie ich in Zukunft in der Umkleidekabine überleben soll. Gestern habe ich Mama und Papa angebettelt, mich einfach in eine andere Schule zu stecken, aber Mama hat nur gesagt: »Edvard, das ist jetzt die vierte Schule seit deiner Einschulung. Wir haben alles versucht: Waldorf, Montessori und die private Ganztagsschule. Und innerhalb der Ganztagsschule hast du sogar noch vom sprachlich-künstlerischen Zweig zum mathematisch-naturwissenschaftlichen gewechselt. Jetzt gehst du auf ein stinknormales staatliches Gymnasium, und da wirst du auch die nächsten fünf Jahre bleiben.«

»Vier«, rief Papa. »Sie haben an der Schule nur zwölf Jahre bis zum Abi.«

»Vier«, sagte Mama streng.

»Dann lasst mich wenigstens die achte Klasse wiederholen«, jammerte ich. »Ich hab eh ein sauschlechtes Zeugnis!«

»Ja, aber das hast du nicht, weil du zu dumm bist, sondern nur, weil du zu umständlich bist«, sagte Papa.

»Ich bin nicht zu umständlich. Ich wollte einfach nur sitzenbleiben!« Was leider nicht geklappt hat.

»Vergiss es«, sagten Mama und Papa gleichzeitig.

Es hilft nichts. In zehn Tagen muss ich antreten. Ohne Brusthaare, ohne Muskeln und mit viel zu langen Armen und Beinen.

Und sie werden mich »Mädchen« nennen, weil Henk das so will.

Constanze wird mich verachten.

Mein Leben ist vorbei.

(Edit: Ich bin mit meinen neuen Schuhen Größe 49 wieder in Pudelscheiße getreten. Mama meinte: »Diesmal werden sie nicht weggeworfen.«

Ich so: »Aber ich bin in Pudelscheiße getreten!«

Mama so: »Mit neuen Schuhen. Du machst sie sauber.«

Ich so: »Aber ich habe keine Ahnung, wie ich stinkende Pudelkacke aus der Sohle rauskriegen soll.«

Mama so: »Tja, dann lernst du's eben. So was gehört zum Erwachsenwerden dazu.«

Ich so: »Können wir dem Alten nicht einfach sagen, dass er mir neue Schuhe kaufen muss? Es war ja immerhin sein Köter, und er hat den Bürgersteig nicht sauber gemacht.«

Und Mama so: »Dann geh rüber und red mit ihm.«

Haha. Als ob.)

Wir machen seit heute Urlaub auf einem Bauernhof.

»Der Junge soll in der letzten Ferienwoche noch mal was richtig Schönes erleben«, hat Papa zu Mama gesagt, als er das eingefädelt hat. »Außerdem lernt er dort etwas fürs Leben, und er wird verstehen, wie wichtig es ist, nachhaltig zu leben.«

(Er wusste nicht, dass ich ihn hören konnte.)

Mama war natürlich sofort begeistert. Deshalb bin ich jetzt an der Ostsee auf einem Biobauernhof.

Wir haben das Auto im nächstgrößeren Ort stehen gelassen und sind mit geliehenen Fahrrädern zum Bauernhof gegurkt. Papa hat ein Lastenrad bekommen, deshalb muss er das Gepäck transportieren. Er schwankt ein bisschen, sogar beim Geradeausfahren, und sein Gesicht ist ganz rot. Ich habe keine Ahnung, warum wir nicht mit dem Auto weitergefahren sind. Erst denke ich, Papa hat in dieser Einöde Angst um seine Stoßdämpfer.

Aber die Zufahrtsstraße sieht einwandfrei aus.

Von Weitem sieht der Bauernhof richtig wie ne Postkarte aus: rote Backsteingebäude mit Reetdächern, weißen Sprossenfenstern und grün gestrichenen Türen. Als wir angekommen sind, ist es vorbei mit der Postkarte. Es stinkt abartig, überall laufen Tiere herum (ich werde sogar von einem Huhn angegriffen!), hinter einem der Gebäude erkenne ich einen riesigen Misthaufen, und der Biobauer und seine Frau sehen aus, als kämen sie gerade aus dem Stall.

Leider muss ich den beiden die Hand geben.

»Wir kommen gerade aus dem Stall«, sagt der Bauer.

»Ach wie toll«, sagt Mama begeistert.

»Na, junger Mann, das ist für Sie bestimmt der letzte Urlaub mit den Eltern, was?«, sagt die Bäuerin augenzwinkernd. »Bevor der Ernst des Lebens losgeht? Wann geht das Studium denn los? Oder machen Sie eine Ausbildung?«

Ich mache große Augen, weil ich keine Ahnung habe, was hier schiefläuft und ob sie mich verarschen will. »Ich komme in die neunte Klasse«, sage ich, und jetzt macht die Bäuerin große Augen.

»Oh, entschuldige, ich dachte ... Aber das hört man ja, wenn du ... Du bist halt schon so ...«, stammelt sie und verzieht sich.

Ihr Mann zeigt uns die Zimmer. Meins ist ganz weit von Mama und Papa entfernt, was mich freut. Aber bevor wir richtig da sind, sagt mir der Bauer, dass ich durch das halbe Gebäude rennen muss, wenn ich aufs Klo will, und das finde ich nicht mehr so toll.

»Bis vor ein paar Jahren hatten wir das Klo noch draußen auf dem Hof«, sagt der Bauer.

»Haha, guter Scherz«, sage ich.

»Er glaubt dir nicht«, sagt die Bäuerin, die gerade mit einem Stapel frischer Handtücher aus dem Nichts aufgetaucht ist.

»Im Winter, wenn es so richtig kalt war, konnte man die eigene Pisse dampfen sehen«, sagt der Bauer.

»Quatsch«, sage ich.

»Das war ein Plumpsklo, und ganz früher haben meine Eltern noch Zeitungspapier benutzt, wenn sie sich mal kein Klopapier leisten konnten.«

»Glaub ich nicht.«

»Na, das ist ja alles vorbei. Jetzt haben wir diese tollen Komposttoiletten im Haus.«

»Sie verarschen mich doch!«

»Nein, soll ich's dir zeigen?« Er geht fast den ganzen Weg zurück und reißt stolz die Tür zum Klo auf. Es ist in einem winzigen Raum. Das Klo sieht nicht aus wie sonst die Klos, es ist viel klobiger. Er macht den Deckel auf, und ich starre ins Dunkle. »Ich seh nichts. Da ist alles schwarz.«

Er lacht laut.

Ich starre weiter in das schwarze Loch. Aber außer tiefstem Schwarz ist nichts zu erkennen. »Wo ist denn der Spülkasten?«, frage ich.

»Gibt's keinen. Es ist eine Kom-post-toi-let-te.« Er buchstabiert das Wort fast.

Da kann ich unmöglich drauf gehen. »Haben Sie noch ein anderes Klo?«, frage ich.

Der Bauer lacht wieder. »Komm, ich zeig dir dein Zimmer.«

Er führt mich durch die Gänge. Dann schiebt er mich in eine düstere Kammer. Die Kammer ist ungefähr so groß wie ein Schuhkarton. Sie haben einen beängstigend riesigen Kleiderschrank aus dunklem Holz reingequetscht.

Erst denke ich, ich muss im Schrank schlafen, weil unmöglich noch etwas anderes in das Zimmer passen kann, aber dann sehe ich hinter dem Schrank im Dämmerlicht ein Bett aus genauso dunklem Holz. Kurz unter der Decke ist ein schmales Fenster, das wie ein Kellerfenster aussieht.

Es ist gekippt. Im Zimmer riecht es gar nicht gut.

»Unter dir ist der Schweinestall«, sagt der Bauer. »Vielleicht machst du doch lieber das Fenster zu. Und wenn es draußen dunkel ist und du hier drin Licht hast, lässt du es auch besser zu, sonst kommen die Stechmücken rein.«

Die Bäuerin quetscht sich an uns vorbei und beerdigt das

Bett unter riesigen weißen Decken und Kissen. »Dann hast du's schön bequem«, sagt sie zu mir.

»Draußen sind dreißig Grad«, sage ich. »Ich ersticke darunter.«

»Hier sind die Nächte kühler als in der Stadt, Junge«, sagt sie und tätschelt mir den Kopf. Dazu muss sie sich auf die Zehenspitzen stellen.

Meine Eltern haben ein riesiges Zimmer, es ist so riesig, dass man mit einer zehnköpfigen Familie drin wohnen könnte, ohne sich zu begegnen. Außerdem kommt Tageslicht durch die Fenster. Und es stinkt nicht so. Irgendwie ist das nicht fair. Ich frage sie, ob sie das Klo schon gesehen haben. Mama fängt sofort an, von den Vorzügen der Komposttoilette zu schwärmen.

»Und wo soll ich aufs Klo gehen?«, sage ich.

»Wenn man muss, kann man überall«, sagt Papa.

»Ich nicht«, sage ich.

»Abwarten«, sagt er.

Ach so: Von der Ostsee kann ich nichts sehen, weil die noch anderthalb Kilometer weit weg ist. Ich kann da nicht einfach mal so hinlaufen. (Papa meinte: »Prima, da kann man ja auch einfach mal so hinlaufen!«)

Morgen *darf* ich beim Melken zusehen. Ich habe gesagt, dass mich das nicht so dringend interessiert. Ich meine, da sind echte, lebende, muhende, dreckige *Kühe*, und man weiß ja, zu was die fähig sind! Aber Mama sagt: »Interesse hat man nicht immer sofort. Manchmal muss es erst geweckt werden.«

»Vor allem muss *ich* geweckt werden, wenn ich morgens um fünf zum Melken gehen soll«, sage ich. »Das ist sehr ungesund für meinen Biorhythmus. Ich bin keine Lerche, sondern eine Eule.«

»Eine Eule?«

»Es gibt zwei Arten Menschen«, erkläre ich geduldig. »Die einen sind Frühaufsteher, also Lerchen, die anderen sind Nachtmenschen, also Eulen. Ich bin *eindeutig* eine Eule.«

»Eine *Eule*?!«

»Ja.«

»Wie kommst du darauf, dass du eine *Eule* bist?«

Ich zucke die Schultern. Manchmal frage ich mich wirklich, wie meine Eltern die Schule geschafft haben. Angeblich sogar das Abitur.

»Ich bin morgens eben immer sehr müde und abends sehr munter.«

Mama starrt mich eine Weile an und atmet ganz komisch. Dann sagt sie: »Die Landluft wird dir guttun, und die Nähe zu Natur und Tier ebenfalls.«

»Es stinkt hier«, sage ich und kann sehen, wie der Bauer, der gerade an uns vorbeigeht, mit den Augen rollt.

★ Samstag, 20.8., 18:30 Uhr

Komposttoilette ausprobiert, aber nur zum Pinkeln. Keine Ahnung, was ich machen werde, wenn ich mal richtig aufs Klo muss. Vielleicht gibt es irgendwo eine Kneipe in der Nähe, jede öffentliche Toilette ist besser als dieser Komposthaufen.

Lege mich ins Bett und lese ein bisschen in meinem Lieblingsbuch. Es heißt »Sterne«, und es geht um – Sterne.

Zum Abendessen gibt es keine Wurst. Dafür selbst gebackenes Brot, selbst gemachte Butter, selbst gemachten Käse und selbst gelegte Eier.

»Das ist Frühstück«, sage ich.

»Das ist vegetarisch«, sagt Mama.

»Ich will Wurst«, sage ich.

»Wir hätten Schinken«, sagt der Bauer und schaut zu Mama, »von *glücklichen* Schweinen.«

»Da hörst du's. Ich will glücklichen Schinken!«, sage ich.

»Wir haben *dreimal vegetarisch* gebucht«, sagt Mama und wirft dem Bauern einen finsteren Blick zu. »Nur diese eine Woche, Edvard, ja? Wir waren uns doch einig. Du isst nämlich viel zu viel Fleisch.«

»Aber er hat *glückliche* Schweine!«, sage ich.

»Es geht nicht nur um Massentierhaltung, es geht auch ums Klima und um deine Gesundheit«, mischt sich Papa ein.

»Käse, Butter und Eier sind auch tierisches Eiweiß«, sagt der Bauer und rollt wieder mit den Augen.

»Genau das wollte ich auch gerade sagen«, sage ich und nicke dem Bauern verschwörerisch zu: Der Mann ist auch kein Gemüsefreund! Leider sieht er es nicht, weil er sich gerade mit beiden Händen das Gesicht reibt und leise aufstöhnt.

»Er soll sich doch erst mal dran gewöhnen«, sagt Mama. »Haben Sie vielleicht was mit Tofu?«

»Ich will kein Tofu«, sage ich.

»Das schmeckt fast wie Wurst.«

»Behauptest du zu Hause auch immer, aber es schmeckt überhaupt gar nicht fast wie Wurst!«

»Wir hätten da so selbst gemachten Aufstrich, der ist vegan«, sagt der Bauer. Es klingt ganz dumpf, weil er immer noch seine Hände vorm Gesicht hat.

»Au ja, für mich, bitte«, sagt Papa.

»Für mich auch!«, sagt Mama.

»Bekomm ich jetzt glücklichen Schinken?«, frage ich, in der Hoffnung, der vegane Aufstrich hätte meine Eltern abgelenkt.

»Nein!«, rufen die beiden gleichzeitig, und der Bauer atmet ganz tief ein und wieder aus. Ich glaube, er hat Kopfschmerzen.

Ich bekomme ein Käsebrot und muss niesen.

»Edvard, du niest ganz schön viel heute Abend. Bist du erkältet?«, fragt Mama.

»Bestimmt von der Klimaanlage«, sagt Papa.

»David, ich hab dir gleich gesagt, du darfst sie nicht so kalt einstellen.«

»Mir geht's gut«, sage ich und niese noch mal. »Ich leg mich einfach ins Bett. Muss ja eh gleich wieder aufstehen.«

»Es ist sieben!«, sagt Papa. »Wir wollen doch noch einen Abendspaziergang ans Meer machen!«

»Das Meer ist sauweit weg«, sage ich.

»Anderthalb Kilometer«, sagt Papa. »Lieber mit dem Fahrrad?«

»Ich bin heute schon Fahrrad gefahren!«

»Wir könnten uns den Sonnenuntergang ansehen. Wie die Sonne im Meer versinkt. Das ist bestimmt hübsch.«

»Du kannst ein paar Stunden warten und der Sonne dabei zusehen, wie sie aufgeht«, sage ich. »Das ist ein *Ost*strand.«

Papa konnte noch nie Karten lesen.

»Lass ihn, er braucht seine Freiräume. Er wird bald fünfzehn«, sagt Mama.

»Er wird in sieben Monaten fünfzehn«, sagt Papa.

»Das ist in etwas mehr als einem halben Jahr«, fasse ich zusammen.

»Also ist er noch nicht mal vierzehneinhalb«, klärt Papa uns auf.

»Aber er ist auch keine zehn mehr und braucht Freiräume«, sagt Mama, und ich nicke. Ich will auf gar keinen Fall kilometerweit ans Meer hecheln. Ich habe heute schon einmal geschwitzt, das muss für die ganze Woche reichen. Ich hasse es zu schwitzen.

Sie gehen allein. Ich sitze in dem winzigen Zimmerchen über dem Schweinestall und tippe auf meinem Tablet rum. Wenigstens haben sie hier WLAN. Der Bauernhof hat auch eine gar nicht mal so schlechte Homepage, obwohl der Bauer sie selbst gestaltet hat. Behauptet er jedenfalls im Impressum.

Ich hab ja vor allem wegen Constanze das Tablet mitgenommen. Ich stalke natürlich ihren Social Media Account, aber unter einem anderen Namen und natürlich nicht mit einem Foto von mir. Ich habe ein lizenzfreies Foto von einer Bildagentur gekauft, darauf ist ein Typ um die sechzehn, der ziemlich cool aussieht. Ich nenne mich Jason Miles und tue so, als wäre ich ein amerikanischer Austauschschüler. Eine Minute nachdem ich was bei ihr gelikt hatte, hat Constanze angefangen, mir zu folgen. Als ich noch unter meinem eigenen Namen angemeldet war, hat sie mich ein halbes Jahr lang ignoriert und dann geblockt. Sie kommentiert bei Jason immer alles und schreibt ihm sogar Privatnachrichten. Es ist die einzige Möglichkeit für mich, Constanze richtig gut kennenzulernen. Ich weiß dank Jason alles über sie, weil Jason sich ja alles von ihr anschauen kann und nicht geblockt wurde. Sie war zum Beispiel am Anfang der Ferien mit ihren Eltern drei Wochen in Südfrankreich. Sie hat Jason erzählt, was sie alles gegessen hat und dass sie zum Abendessen einmal sogar ein bisschen Wein getrunken hat (verdünnt!) und dass sie jeden Tag im Mittelmeer gebadet hat. Sie hat Jason sogar eine Nachricht mit einem Foto von sich im Bikini geschickt. Als Jason schreibe ich ihr nette Sachen zurück, in einem wackeligen Deutsch natürlich, Jason ist ja Amerikaner. Sie korrigiert das dann und sagt, dass sie meine Fehler »total süß« findet. Und damit ich weiß, was Constanze den ganzen Tag macht, muss ich als Jason in der App rumhängen.

War gar nicht so leicht, die Identität aufzubauen. Ich folge lauter amerikanischen Highschool-Kids und Influencern, und einige folgen mir auch und kommentieren sogar manchmal. Ich musste ja so tun, als hätte ich lauter Freunde in den USA. Constanze wollte alles über meine Familie wissen, und ob sie Fotos sehen kann, und da kam mir die Idee, noch mehr Bilder zu kaufen und neue Accounts für Jasons Familie anzulegen: Er hat jetzt einen älteren Bruder, eine kleine Schwester, eine Cousine und eine Tante, die nur Katzenreels postet.

Das war vor drei Monaten, und in der Zeit saß ich jede Nacht am Laptop, um die Profile zu faken und immer wieder irgendeinen Scheiß zu posten. Meistens klau ich einfach woanders was. Für Jason mache ich aber manchmal Clips, in denen ich irgendwas Lustiges erzähle (das klaue ich natürlich auch von anderen). Ich glaube, ich bekomme einen Doktortitel fürs Deepfaken, so echt sieht es aus, wenn ich Jasons Gesicht auf meins lege, und die Stimme lässt sich auch voll gut verändern und klingt schön tief und cool und hundert Prozent amerikanisch. Ohne KI wäre ich echt nie so weit gekommen. Das Beste ist, ich lern auch noch was dabei, mein Englischlehrer hat sich gewaltig gewundert, dass ich zum Ende des Schuljahres hin plötzlich so gut Englisch konnte. Aber Constanze ist zum Glück nichts aufgefallen.

Heute war sie mit ihren Freundinnen im Schwimmbad, Eis essen und abends zum Musikmachen verabredet. Constanze singt ja, genau wie ihre Mutter. Ihre Mutter singt an der Oper, mein Vater kennt sie, weil er da Generalmusikdirektor ist. Trotzdem lädt mich Constanze nie ein und redet nicht wirklich mit mir. Nur, wenn ich Jason bin.

Wahrscheinlich muss ich mich irgendwann operieren lassen, damit ich wie Jason aussehe, und dann geht sie mal mit mir ins Kino. Oder die KI ist irgendwann so weit, dass ich auch im RL so aussehe und spreche wie er.

★ Samstag, 20.8., 21:01 Uhr

Draußen ist es noch hell, ich niese die ganze Zeit, und mein
Hals fühlt sich tierisch kratzig an.

Was denken sich Mama und Papa eigentlich? Ferien auf
dem Biobauernhof! Hoffentlich findet Henk das niemals raus!
Mein Leben ist sowieso schon vorbei, aber wenn das rauskommt,
ist es gleich fünfmal mehr vorbei als vorbei. Und ich dachte
immer, eines Tages wird es mal besser, dieses Leben.

Ich habe mir online die Umgebung des Bauernhofs genauer angesehen. Es gibt ganz in der Nähe einen Ort, der »Kalifornien« heißt. Ich könnte sagen, dass wir in Kalifornien waren. Und das mit Strandgeschichten aufbereiten.

Dazu müsste ich nicht einmal sehr viel lügen.

Ich werde mir alles über Kalifornien anlesen. Also, das amerikanische Kalifornien. Und zur Sicherheit suche ich mir mit Street View ein passendes Hotel und kundschafte die Gegend aus. Henk fliegt mit seinen Eltern immer nach Griechenland, schon seit Jahren, weil sein Onkel ein Ferienhaus auf Kreta hat. Da ist Kalifornien natürlich eine ganz andere Liga.

In zehn Minuten weiß ich mehr.

Vielleicht ist mein Leben doch noch nicht vorbei. Kalifornien schlägt vielleicht auch Brusthaare.

Und wenn Constanze so auf Jason steht, findet sie es bestimmt auch cool, wenn ich in Kalifornien war. Ich könnte behaupten, Jason dort kennengelernt zu haben und jetzt sein bester Freund zu sein.

★ Samstag, 20.8., 21:27 Uhr

Nee, geht nicht. Jason ist ja noch in Deutschland zum Schüler-
austausch. Und außerdem kommt er aus Chicago, das ist ziemlich weit weg von Kalifornien. Oder ich lasse Jason mal schnell
dorthin fliegen und seine Oma besuchen. (Ich könnte einen
Account für seine Oma anlegen.) ((Nee.))

★ Samstag, 20.8., 21:35 Uhr

Kalifornien ist ganz schön groß.

★ Samstag, 20.8., 22:24 Uhr

Immer noch in Kalifornien am Suchen.

★ Sonntag, 21.8., 0:15 Uhr

Constanze hat Jason gerade eine Nachricht mit lauter Herz-chen drin geschickt. Würde ihn am liebsten mit dem Flugzeug irgendwo über dem Atlantik abstürzen lassen.

★ Sonntag, 21.8., 1:03 Uhr

Ich kann nicht schlafen. Ich sehe dauernd kalifornische Straßenkreuzungen vor mir, wenn ich die Augen zumache. Ich habe ein Hotel rausgesucht, muss mir aber noch die Eckdaten runterladen und auswendig lernen. Dazu hatte ich jetzt keine Energie mehr.

Meine Nase ist total zu, ich habe keine Brusthaare, ich kann nicht schlafen, und ich muss früh aufstehen, weil ich nachher zusehen soll, wie der Bauer seinen Kühen am Euter rumfummelt.

Auch wenn ich dann keinem mehr erzählen kann, dass wir in Kalifornien waren: Jetzt *wünsche* ich mir, dass mein Leben ganz schnell vorbei wäre.

Nicht geschlafen, weil ich Fliegen im Zimmer habe.

Leider vergessen, gestern Abend das Fenster zuzumachen.

Es sind große, dicke Fliegen. Monsterfliegen. Solche hab ich in meinem ganzen Leben noch nie gesehen. Ich will gar nicht wissen, wo die vorher überall waren. Bestimmt auf dem Misthaufen!

Bei meinem Glück übertragen sie irgendwelche fiesen Krankheiten, von denen moderne Ärzte in modernen städtischen Krankenhäusern noch nie was gehört haben. Wenn ich eingeliefert werde, müssen sie erst das Tropeninstitut informieren, um herauszufinden, was es ist. Bis dahin bin ich aber bestimmt schon vor Ekel gestorben.

Ich kann die Viecher nicht mal erschlagen, tote, erschlagene Fliegen finde ich *noch* ekliger als lebende Fliegen.

Wenn ich eine Fliege erschlage, muss ich bestimmt kotzen.

Schlimmer als Mücken und Fliegen sind Falter und Motten. Sogar Schmetterlinge. Ich weiß, dass sie harmlos sind, aber wenn ich sie nur irgendwo herumflattern sehe, bekomme ich schon eine Megakrise. Einmal, als meine Eltern übers Wochenende weg waren, saß ein riesiger schwarzer Falter in der Speisekammer. Ich musste die Putzfrau anrufen, damit sie vorbeikommt und ihn entfernt. Bis meine Eltern wieder zurück waren, habe ich an der Tankstelle gegessen, weil ich die Küche nicht mehr betreten konnte.

Jetzt kann ich genauso gut wach bleiben. Gleich ist Melkalarm.

Und die Erkältung wird auch immer schlimmer.

★ Sonntag, 21.8., 5:43 Uhr

Scheiße! Doch noch eingepennt und verschlafen!
    Muss zum Melken!

Ich bin im Krankenhaus.

Das war so: Ich hatte verschlafen. Also hab ich mir ganz schnell Shorts und Schuhe angezogen und bin in den Kuhstall gerannt. Der Kuhstall liegt gleich neben dem Schweinestall, über dem mein Minizimmer ist. Aber es war niemand da, der Kuhstall war ganz leer. Leer! Nicht mal eine Kuh zu sehen. Dann dachte ich: Vielleicht bin ich im falschen Stall? Ich rannte zum Schweinestall, nur um sicherzugehen. Im Schweinestall waren Schweine.

Also war das wirklich der Schweinestall, und der Kuhstall war der richtige Kuhstall, nur eben ohne Kühe. Dann fiel mir ein, dass hinter den Ställen ja noch Wiesen sind. Ich bin also um die Ställe rum, und da standen dann meine Eltern, der Bauer und noch ein paar Leute, die auch gerade hier diesen Folterurlaub machen.

»Edvard, wir hatten dir doch gesagt, dass es um fünf losgeht!«, sagte Mama.

»Ich hab verpennt! Ich konnte bis ganz lang, um vier oder so, nicht schlafen, weil überall fette Fliegen in meinem Zimmer waren!«

»Du hast das Melken verpasst«, sagte Papa.

»Wir sind ja noch ein paar Tage hier«, sagte ich.

»Aber wir haben für jeden Tag ein anderes Programm. Morgen ist zum Beispiel ›Säen und Ernten nach dem Mondkalender‹ dran.«

»Wir haben für jeden Tag ein anderes Programm? Ich

dachte, wir haben *Urlaub*! Das ist ja wie in der Schule«, sagte ich und nieste.

»Jetzt sei mal still, der Herr Rauchfleisch erklärt uns gerade was.«

»Wer?«

»Der Bauer!«

»Der heißt wie?«

»Rauchfleisch.«

»Wir machen eine vegetarische Woche bei Biobauer *Rauchfleisch*? Wie seid ihr denn drauf?«

»Edvard, bitte!«

Also stand ich rum und sah zu, wie Biobauer Rauchfleisch seine Kühe streichelte und uns erzählte, was sie so fressen und den ganzen Tag machen. Viel habe ich nicht mitbekommen, weil ich ununterbrochen niesen musste.

Er sagte dann irgendwann: »Der Junge macht die Kühe ganz nervös, was ist mit ihm?«

Und Mama sagte: »Die Klimaanlage.«

Der Bauer verdrehte die Augen. »Früher konnte man im Zug einfach mal das Fenster aufmachen. Heute versauen sie die Umwelt mit ihren Drecksklimaanlagen.«

»Nicht die im Zug, die im Auto«, sagte ich und schnäuzte mich.

»Sie sind mit dem *Auto* gekommen?«, fragte der Bauer. »Normalerweise achten *alle* unsere Gäste auf ihre CO_2-Bilanz!«

Da kapierte ich, warum unser Wagen im nächsten Ort geparkt war.

»Das ist ein Missverständnis«, sagte Mama schnell.

»Ich brauch was gegen den Schnupfen«, keuchte ich und rieb mir die Augen. Die juckten nämlich ganz furchtbar.

»Vitamine«, sagte der Bauer. »Geh rein ins Haus, meine Frau macht dir was, das hilft.«

Es war zwar erst morgens um sechs, aber irgendwie war hier schon jeder wach. Ich rannte also in die Küche und sagte der Bäuerin, was ihr Mann gesagt hatte. Sie machte mir einen Saft aus geriebenen Karotten und Äpfeln, und das Nächste, was ich weiß, ist, dass alles schwarz wurde.

Tja, und dann werde ich hier im Krankenhaus wach.

»Ihr Sohn hatte einen anaphylaktischen Schock«, höre ich den Arzt sagen, als ich zu mir komme.

»Wir haben doch alles getan, damit er keine Allergien entwickelt!«, sagt Papa. »Keine Konservierungsstoffe, kein Plastikspielzeug, kein Weichspüler, die Kleidung nur aus Biobaumwolle, eine vorbildliche CO_2-Bilanz ...«

»Na ja«, sagt Mama. »Die könnte besser sein.«

»Tja«, sagt der Arzt. »Aber ihr Sohn *hat* jetzt Allergien.«

»Oh.«

»Der wird mal kein Naturbursche, Ihr Junge«, lacht der Arzt. »Isst er denn viel Obst und Gemüse?«

Mama seufzt. »So gut wie nie.«

»Und wenn sie ihn mal dazu bringen, es zu essen?«

»Dann jammert er.«

»Hat er schon mal gesagt, er bekäme davon so ein komisches Gefühl im Mund?«

Mama und Papa betrachten ihre Fußspitzen. »Wir dachten, er tut nur so, weil er es nicht mag«, gibt Papa endlich zu.

»Aha. Verstehe. Wahrscheinlich hat er es schon eine Weile. Sie dachten bestimmt auch, er ist sehr oft erkältet.«

»Ja«, sagt Papa.

»Und ein bisschen empfindlich gegen Zugluft.«

»Schon auch«, gibt Mama zu.

»Wir behalten ihn noch einen Tag hier und geben ihm Medikamente mit. Machen Sie gleich einen Termin beim Allergologen, wenn der Junge sich wieder erholt hat.«

»Herr Doktor«, sagt Mama und klingt ganz seltsam.

»Hätte er ... also, ich meine ... wie schlimm ...«

»Ob er hätte sterben können?«

»Ja.«

»Grundsätzlich ja. Wenn der Kreislauf versagt und keine Hilfe in der Nähe ist, kann das passieren.« Der Arzt nickt und verschwindet.

Ich hätte sterben können! Warum haben sie mich gerettet? Warum? Kapiert denn keiner, dass ich unmöglich nächste Woche in die Schule gehen kann?

Obwohl.

Ich hätte sterben können ... Das ist eigentlich viel cooler als Kalifornien. Oder noch besser:

Meine Nahtoderfahrung in Kalifornien!

(Wäre auch eine gute Überschrift für einen Aufsatz. Oder für einen Artikel in der Schülerzeitung. Ach nee, Henks Cousin ist ja mit im Schülerzeitungsteam, das kann ich vergessen.)

Aber wenigstens habe ich jetzt was zu erzählen.

Falls mich einer fragt.

Nicht, dass mich normalerweise jemand fragen würde.

Außer natürlich Arthur. Arthur fährt mit seinen Eltern meistens im Wohnwagen weg. Er hat noch drei Brüder, und dann wird irgendwo gezeltet. Dieses Jahr wollten sie nach Usedom. Na ja, und Dinesh fragt wahrscheinlich auch. Dinesh ist eigentlich nicht so richtig mein Kumpel, aber er hängt dauernd bei Arthur und mir rum. Irgendwie findet er uns nett, von den anderen hält er sich fern, er sagt immer, die sind ihm zu schleimig. Und wir lassen ihn bei uns rumhängen, weil wir zu dritt nach mehr Spaß aussehen als zu zweit. Glaub ich jedenfalls, dass wir dann nach mehr Spaß aussehen. Außerdem ist Dinesh furchtbar schlau (deshalb will keiner mit ihm rumhängen), und wir können manchmal bei ihm abschreiben (Pech für die anderen!). Seine Eltern sind total reich, aber sie machen nie richtigen Urlaub. Sie fahren immer nur nach Singapur oder New York oder irgendwohin in eine Stadt, wo sie dann ins Museum gehen oder so was. Sie fahren nie in die Berge oder ans Meer.

Jedenfalls, morgen darf ich nach Hause, sagt der Arzt.

Ich muss bestimmt nie mehr zurück auf diesen stinkenden, fliegenverseuchten Biobauernhof!

Vorhin war ein Krankenpfleger da. Zum Fiebermessen, Blutdruckmessen, Bettaufschütteln. Dann kam ein anderer Krankenpfleger.

Er hat mir Frühstück gebracht und später wieder abgeräumt. Ich musste nichts machen! Und ich durfte so lange duschen, wie ich wollte. Keiner hat gemeckert von wegen Wasserverschwendung. *So* stell ich mir Urlaub vor. Hier bleib ich!

Ich muss sofort weg hier.

Gerade gab es Mittagessen: Gemüseauflauf. Ich so: »Tschuldigung, Sie haben mir nur die Beilage gebracht. Wo ist denn der Rest?«

Er so: »Nee, du bist für vegetarisch eingeteilt.«

Ich so: »Das ist falsch! Ich will für Fleisch eingeteilt sein!«

Er so: »Dann musst du mit deinen Eltern reden, die haben das so angekreuzt.«

Ich so: »Aber der Arzt hat gesagt, Obst und Gemüse ist blöd für mich!«

Er so: »Nur, wenn es roh ist. Und das da stand länger im Ofen, als meine Schicht dauert.«

Ich ruf also Papa auf dem Handy an. Die beiden sind immer noch auf dem Biobauernhof und haben ganz offensichtlich eine prima Zeit beim Programmpunkt »Heilkräuter in der Natur – ein Spaziergang durch die Wildwiesen«.

Papa sagt nur: »Wir hatten vegetarische Woche für dich vereinbart, und du warst einverstanden!«

»Ja, aber doch nicht im Krankenhaus!«

»Eine Woche ist eine Woche.«

»Wann haben wir das eigentlich vereinbart?«, will ich wissen. »Mich hat schon keiner gefragt, ob ich auf diesen Drecksbiobauernhof mitwill!«

Papa so: »Wir haben da an Ostern drüber gesprochen, und du warst einverstanden.«

An Ostern?

Jetzt fällt es mir wieder ein. Wir kamen gerade von der

Hochzeit von meiner Tante Sophie, das ist die Schwester von Mama. Sie ist ein paar Jahre jünger als Mama, aber das ist ja auch schon ziemlich alt. Ich wusste gar nicht, dass man in dem Alter noch heiratet, aber Mama meinte, es heiraten auch Leute, die schon sechzig oder siebzig sind.

»Die kriegen dann aber keine Kinder mehr«, sagte ich.

»Nein, das nicht.«

»Gut. Sex in dem Alter geht auch gar nicht.«

»Doch«, sagte Mama.

»Nee!«, sagte ich.

»Doch«, sagte Mama.

»Geht *gar* nicht! Habt *ihr* etwa noch Sex?«, fragte ich.

»Ja, und wir sind übrigens noch *unter* sechzig«, sagte Papa.

»Pfui«, sagte ich. »Ich will aber keine Geschwister, hört ihr?«

»Keine Sorge, die sind nicht geplant«, sagte Mama.

»Aber wir könnten noch, wenn wir wollten«, sagte Papa. »Rein biologisch.«

»Nee!«, sagte ich. »Ich will keine!«

»Wie meinst du das, wir *könnten* noch?«, sagte Mama zu Papa.

»Du bist doch viel zu alt«, sagte ich.

»Mama ist dreiundvierzig, da kann man noch Kinder kriegen«, sagte Papa.

»Fragt mich auch mal wer?«, fragte Mama.

»Boa, seid ihr eklig«, sagte ich. »Arthurs Eltern haben keinen Sex mehr.«

»Arthurs Eltern haben keinen Sex mehr *miteinander*«, sagte Mama.

»Julia!«, sagte Papa.

»Wie meinst du das?«, fragte ich.

»Sie hat einen Spaß gemacht«, sagte Papa und stellte Deutschlandfunk auf laut.

Jedenfalls, als wir auf der Rückfahrt von Tante Sophies Hochzeit waren, wurde mir im Auto schlecht.

»Er hat Sekt getrunken«, sagte Mama zu Papa. »Ich halt mal besser an.«

»Das ist von den Schnitzeln«, stöhnte ich. Ich hatte mir vier Schnitzel vom Buffet geholt und mit meinem Cousin Finn (das ist der Sohn vom Bruder von Mama) ein Schnitzelwettessen gemacht. Natürlich hatte ich gewonnen, aber jetzt war mir schlecht.

Mama hielt also an, ich machte die Autotür auf und kotzte auf den Randstreifen.

Papa hielt mir eine Flasche Wasser hin. »Keine Schnitzel-wettessen mehr.«

»Aaargh«, stöhnte ich.

»Du solltest überhaupt mal eine Woche kein Fleisch essen und schauen, wie dir das bekommt.«

»Öchzzzzz.«

»Wir zum Beispiel essen so gut wie kein Fleisch. Ich weiß gar nicht, von wem du das hast«, sagte Papa.

»Wir könnten doch mal Urlaub im Grünen machen. Auf einem Biobauernhof«, sagte Mama.

»Öchzzzzz«, sagte ich.

»Siehst du, er hat ›Ja‹ gesagt«, sagte Papa.

»Öchzzzzz«, stöhnte ich wieder, diesmal mit mehr Nach-druck, und dann musste ich gleich wieder kotzen.

»Ja, Edvard, alles wird gut«, sagte Mama.

Das war also meine Einverständniserklärung zur fleisch-
freien Woche gewesen?! Na toll.

Ich sehe mich im Krankenzimmer um: Der Junge im Bett
neben mir stopft sich Nudeln mit Gulasch rein. Es riecht super.

»Papa«, sage ich ins Handy. »Ich muss hier raus. Ich will
nach Hause. Und wenn du mich abholst, bring Mettwurst mit.«
Dann lege ich auf.

»Lässt du mir was übrig?«, frage ich den Jungen neben mir.

»Nö«, sagt der.

Ich bin wieder in meinem Zimmerchen über dem Schweinestall.

Im Krankenhaus haben sie uns eine Liste mit Sachen gegeben, auf die ich allergisch sein könnte, und Mama meinte, das sei alles gut in den Griff zu kriegen, außerdem bekäme ich ja Medikamente, also kein Grund, den Urlaub zu unterbrechen.

»Dieser Aufenthalt auf dem Bauernhof ist eine wichtige Erfahrung für dich«, sagt sie. »In der Stadt lernst du nichts über Ackerbau und Viehzucht.«

»Was?«

»Wie man Grünzeug anpflanzt und Tiere hält.«

»Ich weiß, was Ackerbau und Viehzucht sind. Ich weiß nur nicht, warum ich was darüber lernen soll. Außerdem haben wir zu Hause einen Garten«, sage ich.

»Aber keinen Gemüsegarten. Das ist etwas ganz anderes.«

»Und ich hatte mal einen Hamster.«

»Edvard, es ist doch wunderschön hier!«, mischt Papa sich ein.

»Dein Hamster ist nach vier Wochen gestorben«, sagt Mama. »Es stinkt.«

»In der Stadt stinkt es auch. Nach Abgasen«, sagt Papa.

»Das bin ich aber gewohnt. Das und Fleisch!«

»Wir müssen ihn vertauscht haben«, sagt Papa leise zu Mama.

Sag ich doch auch immer!

Biobauer Rauchfleisch hatte Erbarmen. Er hat seinem Namen alle Ehre gemacht und mir heimlich ein paar Scheiben von dem glücklichen Schinken gegeben.

Ich mag ihn.

Von meiner Brustbehaarung gibt es immer noch nichts Neues zu berichten. Im Bad hängt ein Spiegel, der alles 100-fach oder so vergrößert. Papa hat gesagt, dass es ein Schminkspiegel ist. Mama hat gesagt, dass es ein Rasierspiegel ist. Jedenfalls, ich hab vorhin jeden Millimeter abgesucht, aber nichts entdeckt. Vielleicht liegt das auch an der funzeligen Beleuchtung im Bad. Deshalb habe ich mit dem Tablet Fotos von meiner Brust gemacht, um nachher in größter Vergrößerung noch mal zu überprüfen, ob sich nicht doch irgendwo was tut.

Aber vorher checke ich Jasons Account. Constanze hat ihm eine Nachricht geschrieben und will wissen, warum er sich so lange nicht gemeldet hat. Sie schickt ihm ihre Telefonnummer, weil sie unbedingt seine Stimme hören will.

Ich muss Jason irgendwie umbringen.

Ich schaue mir gerade die Fotos an. In dem Moment kommt Mama rein.

Ich versuche, das Bild wegzuwischen, das gerade offen ist, aber jetzt werden die anderen Bilder angezeigt, und irgendwie komme ich ganz durcheinander. Schließlich schalte ich das Tablet ganz aus. Hätte ich mal gleich machen sollen.

»Warum kommst du denn einfach so rein?« Zu Hause macht sie das nie.

Mama sagt: »Entschuldige, Edvard, ich habe geklopft.«

»Hab ich nicht gehört.«

»Ja, du warst wohl beschäftigt«, sagt sie und setzt sich zu mir aufs Bett. Woanders kann man hier auch nicht sitzen.

»Das ist nur … Ich hab …« Wie soll ich ihr das jetzt erklären?!

»Edvard, ich weiß, was du gemacht hast.« Manchmal ist es ganz gut, Eltern zu haben, die ständig über einen nachdenken. »Du musst dich nicht schämen.«

»Doch!«, sage ich. »Ich … ich hab alles versucht, aber …«

»Das ist okay. Jungs in deinem Alter probieren sich aus. Manchmal haben sie ihre Richtung schon gefunden, manchmal ändert sich noch etwas. Lass einfach alles auf dich zukommen.«

»Hä? Ich soll alles auf mich zukommen lassen?«

»Du darfst dich nicht dagegen wehren. Und deshalb finde ich es gut, wenn du dich damit beschäftigst und es auslebst.« Sie strahlt mich an.

»Aber … ich will das nicht!«

»Edvard, es ist nicht schlimm. Die Zeiten haben sich doch geändert. Und ganz egal, wie du sein willst, wir sind immer für dich ja. Jetzt und in zwanzig Jahren. Du musst dir keine Sorgen machen.«

»Wie meinst du das, in zwanzig Jahren immer noch? Ich dachte, da tut sich noch mal was!«

»Es ist sehr wahrscheinlich, dass du so bleibst, wie du bist.«

»Aber am Montag muss ich in die Schule!«

Mama nickt, nimmt meine Hand und drückt sie kurz.

»Du musst mit niemandem darüber sprechen, wenn du es nicht willst. Erst, wenn du dazu bereit bist.«

»Und was ist in der Umkleide?«

»Oh. Wie ... intensiv ist es denn?«

Intensiv? »Äh, na ja, da tut sich absolut nichts!«, jammere ich.

»Dann ist es doch gut«, freut sich Mama. »Siehst du, du musst dir keine Sorgen machen, dass die anderen Jungs etwas mitbekommen und dich damit aufziehen. Früher oder später werden sie es verstehen, und dann musst du keine Angst mehr haben, dass sie dich diskriminieren. Wenn sie es doch tun, reden wir mit der Schulleitung. Okay?«

»Ihr wollt mit der *Schulleitung* reden, weil ich keine Haare auf der Brust kriege?« Meine Eltern sind ja echt immer schon ein bisschen peinlich, aber so?

Mama schaut ganz komisch. »Moment. Wovon reden wir gerade?«

Ich ziehe das T-Shirt hoch und zeige auf meine haarlose Brust. »Davon! Kein einziges Haar! Was dachtest du, wovon wir reden?«

»Ich dachte, du bist, äh ...«

»Schwul?«

»Also wenn du's bist, dann weißt du jetzt, dass wir kein Problem damit haben und du unbedingt so leben sollst, wie es für dich gut ist.«

»Ich *bin* nicht schwul! Wie kommst du darauf, dass ich schwul bin?«

»Entschuldige mal, ich komme hier rein, und du schaust dir auf deinem Tablet Bilder von nackten jungen Männern an.«

»Ich schau mir Bilder von *mir* an!«

Gut, das klingt irgendwie ziemlich schräg.

Mama blinzelt nervös, dann fängt sie sich wieder und sagt: »Aha. Und wieso ausgerechnet Brusthaare? Wieso nicht ... Barthaare? Oder Schamhaare?«

»Erstens, ich habe Schamhaare«, sage ich, um Würde bemüht. »Zweitens, Barthaare sind schon längst kein Zeichen von Männlichkeit mehr. Brusthaare sind das Ultimative.«

Sie blinzelt wieder. »Sagt wer?«

»Alle.«

»Alle.«

»Ja.«

»Alle wer?«

»Na ja ... alle halt.«

»Alle in der Schule?«

»Auch. Und alle anderen eben.«

»Aha.«

»Aha was?«

»Dein Freund Henk steckt also dahinter.«

Ich schmolle. »Henk ist *nicht* mein Freund, und mir ist scheißegal, was er sagt.«

»Edvard, vielleicht redest du mal mit deinem Vater«, sagt

Mama. »Der weiß viel besser als ich, was Jungs in deinem Alter so … äh … brauchen.«

Sie steht auf und will zur Tür, und ich sage: »Alles, was ich brauche, sind Brusthaare, Stimmbruch und ein Schnitzel, ich bin nämlich am Verhungern! Aber irgendwie hab ich das Gefühl, dass ihr mir entweder nicht helfen könnt oder nicht helfen wollt!«

Mama sieht mich nachdenklich an, dann nickt sie mir zu, murmelt: »Ich schick dir deinen Vater«, und verschwindet.

Papa kommt eine Viertelstunde später, sagt Sachen wie »als ich in deinem Alter war …« und »in der Pubertät kann manches über Nacht …« und »Spätentwickler sind im Beruf statistisch gesehen erfolgreicher …«.

Ich sage: »Bestimmt entwickle ich mich *noch* später, wenn ich nicht langsam mal was Anständiges zu essen bekomme!«

»Es besteht die Möglichkeit, dass du deinem Organismus bereits großen Schaden zugefügt hast, weil du so viel Fleisch gegessen hast. Und dazu noch aus Massentierhaltung. Heimlich und ohne unser Wissen!«

»In der Schule und bei Arthur, wie *ungezogen* von mir! Fast so schlimm wie Rauchen!«

»Du rauchst?«

»Nei-en!«

»Darüber sollten wir mal mit Frau Dr. Karimi reden, wenn wir wieder zu Hause sind.«

»Ich rauche nicht!«

»Ich rede vom Fleisch.«

»Henk frisst ganze Rinder, und er hatte schon vor einem Jahr seinen Stimmbruch. Und er rasiert sich jeden Morgen die Brust!«, sage ich.

»Bestimmt hat er zu viele Hormone von den Zuchtrindern abbekommen.«

»Es gibt Ärzte, die sich weigern, Vegetarier zu behandeln, wegen der Mangelerscheinungen!«

»Wo hast du denn den Quatsch her?«

»Internet.«

Papa stöhnt und denkt ein paar Sekunden nach. Dann sagt er: »Die Rückentwicklung von Brusthaaren beim Menschen ist, genau wie das Ausbleiben von Weisheitszähnen, ein Zeichen fortschreitender Evolution. Es heißt nur, dass du in der Evolution viel weiter bist als, äh, Henk.«

Er wünscht mir eine gute Nacht und verzieht sich.

Klasse. Soll ich zu Henk gehen und sagen: »Hey, ich bin evolutionär viel weiter als du«? Bringt nicht wirklich was, wenn er mir dann eine in die Fresse haut.

Ich könnte am Montag einfach einen anaphylaktischen Schock simulieren, vielleicht darf ich dann zu Hause bleiben.

Obwohl.

Muss man bei Allergien eigentlich Sport machen? Bestimmt kann ich mich da befreien lassen. Nie wieder Leichtathletik! Nie wieder schwitzen! Ich google das gleich mal.

★ Dienstag, 23.8., 23:59 Uhr

Sie empfehlen Ausdauersport. Und Schwimmen.
Ich hasse Schwimmbäder.

Papa hat sich vorhin beim Programmpunkt »Heuernte wie zu Großvaters Zeiten« mit der Sense ins Bein geschnitten und musste mit dem Krankenwagen abgeholt werden. Das war sehr aufregend und unheimlich spannend. Papa schrie wie am Spieß. Der Bauer verdrehte die Augen, rannte aber sofort zu ihm hin. Unterwegs zog er sich das Hemd aus und riss es in Streifen. Mit einem Streifen band er Papa das Bein ab. Einen anderen wickelte er um die Wunde. Gleichzeitig schaffte er es, den Notarzt mit dem Handy anzurufen und uns allen Anweisungen zu geben, was zu tun war.

Ich glaube, der Bauer ist eine echt coole Sau.

Seine Frau ist übrigens auch nicht übel. Ich durfte nicht mit im Krankenwagen fahren und sollte auf dem Hof warten. Sie machte mir einen Kaffee – zu Hause darf ich nie Kaffee trinken, weil, ist ja ungesund – und ein Schinkenbrot.

»Aus dir soll doch mal was werden, Junge«, sagte die Bäuerin.

»Darf ich hierbleiben?«, fragte ich sie voller Hoffnung. Mir war der Gedanke gerade erst gekommen: Ich könnte auf dem Hof helfen. Bestimmt würde ich dann eines Tages auch so eine coole Sau werden wie der Biobauer. Der hat nämlich ganz schön viele Muskeln. Das konnte ich sehen, als er sich das Hemd vom Leib gerissen hat. Ganz anders als Papa. Aber beim Dirigieren muss man sich ja auch nicht wirklich viel bewegen. Außerdem haben sie hier den leckersten Schinken und bestimmt auch großartige Schnitzel. Und an die Fliegen und den Gestank gewöhn ich mich mit der Zeit auch noch. Das Beste aber wäre:

Ich müsste nie wieder in die Schule. Jedenfalls nicht in die, wo mich schon alle kennen und wo mich Henk »Mädchen« nennt. Ich könnte noch mal ganz von vorne anfangen und müsste keinen Blödsinn über Urlaube in Kalifornien erzählen. Und Jason könnte ich auch endlich vergessen. Und dann, eines Tages, würde ich mich unter meinem Namen in der App anmelden, Constanze würde mich als Freund akzeptieren und mein cooles neues Leben bewundern.

Vielleicht aber auch nicht.

»Du kannst natürlich immer in den Ferien wiederkommen«, sagte die Bäuerin.

»Nein, ich meine, *für immer* hierbleiben.«

Sie lachte nur und legte mir noch ein paar Scheiben Schinken ohne Brot hin. Ich glaube, wäre sie nicht so alt (ich schätze mal, sie ist ungefähr so alt wie meine Mama, und die ist ja schon dreiundvierzig), ich hätte mich in sie verlieben können.

Mama rief irgendwann vom Krankenhaus aus an und sagte: »Pack alles zusammen und ruf dir ein Taxi. Wir treffen uns in einer Stunde da, wo wir unser Auto geparkt haben.« Sie sagte mir die Adresse, und ich packte. Ehrlich gesagt hatte ich so gar keine Lust zu packen, weil, hierbleiben wäre doch wirklich eine echte Option, oder? Und diese Kompostklos sind eigentlich in der Theorie ganz cool, wenn man mal drüber nachdenkt.

Die Bäuerin half mir beim Packen, ihr Mann organisierte das Taxi, und meine Eltern warteten beim Auto. Papa haben sie genäht und ihm eine Tetanusspritze gegeben.

Er regt sich total auf und erzählt Mama: »Die Ärztin hat die ganze Zeit fies gegrinst, und die Pfleger haben gekichert!«

»Ach, das hast du dir eingebildet«, sagt Mama und fährt los.

»Nein, sie haben sich lustig über mich gemacht. So von wegen Städter auf dem Bauernhof, und man wisse ja, wie das immer ausgehe.«

»Die haben das nicht so gemeint«, sagt Mama und brettert über eine rote Ampel.

»Ich habe ihnen gesagt, ich würde sie auch gerne mal beim Heumachen sehen, ob sie sich besser anstellen als ich.«

»Na, da hast du's ihnen aber gegeben«, sagt Mama und reißt das Steuer rum, um auf die Autobahnauffahrt zu kommen. Hinter uns hupt jemand.

»Nicht wirklich. Einer der Pfleger ist auf einem Bauernhof groß geworden, und die Ärztin hat sich mit solchen Arbeiten ihr Studium finanziert.«

»Aber das kann man ja nun nicht von jedem verlangen«,

sagt Mama, gibt Gas und überholt einen LKW rechts, um sich auf die Autobahn zu drängeln. Der LKW hupt.

»Wie lange fahren wir bis nach Hause?«, frage ich.

»Am frühen Abend sind wir da«, sagt Mama.

»Nächste Woche kommen die Fäden raus«, sagt Papa. »Aber ich gehe natürlich gleich morgen als Erstes zu unserer Hausärztin, damit die sich das mal ansieht.«

»Kannst du langsamer fahren, mir wird sonst schlecht«, sage ich.

»Jetzt sind wir auf der Autobahn, da geht's doch nur geradeaus«, sagt Mama und zieht auf die linke Spur, um an einem Mercedes Coupé vorbeizurauschen.

»Ich mach mal das Fenster auf, das hilft«, sagt Papa.

Der Mercedesfahrer will sich nicht überholen lassen und fährt mit uns gleichauf, aber wie üblich gewinnt Mama dann doch irgendwann.

»Muss ich Montag wirklich zur Schule?«, frage ich. »Ich könnte noch gut eine Woche oder so Erholung brauchen.«

»Klar gehst du Montag zur Schule«, sagt Mama und bremst, weil vor ihr ein LKW rüberzieht. Sie klatscht die flache Hand auf die Hupe. »Du wirst sehen, in der großen Pause hast du dich längst eingewöhnt und freust dich, alle deine Freunde zu treffen.«

Papa sagt: »Ich meine, wenn die Ärztin sich ihr Studium mit Arbeiten auf dem Bauernhof finanzieren musste, wer weiß, ob sie nicht in Wirklichkeit Veterinärmedizinerin ist.«

»David, manchmal bist du wirklich ein bisschen arrogant«, sagt Mama.

»Das hat nichts mit Arroganz zu tun. Das ist nur eine realistische Einschätzung der Sachlage«, sagt Papa.

»Ich glaub, ich muss kotzen«, sage ich.

»Unsinn«, sagt Mama und hupt den LKW weg.

»Doch«, sage ich.

»Selbst wenn sie Tierärztin wäre, wüsste sie, wie man eine harmlose Fleischwunde zusammenflickt«, sagt Mama.

»Harmlos?«, ruft Papa. »*Harmlos* nennst du das? Ich hätte *sterben* können!«

»Ich muss *wirklich* kotzen«, sage ich.

»Siehst du, jetzt ist Edvard von deinem Gerede schlecht geworden«, sagt Mama und reißt den Wagen über zwei Spuren rüber zum Standstreifen. Hinter uns hupt jemand.

Dann legt sie eine Vollbremsung hin. Ich reiße die Tür auf und kotze auf den Randstreifen.

Es passiert, was immer passiert, wenn ich irgendwo den Randstreifen vollkotze: Der gesamte Autobahnverkehr verlangsamt sich auf Zeitlupentempo, weil alle gaffen wollen.

»Gibt es eigentlich irgendwo in diesem Land einen Randstreifen, den der Junge noch nicht eingeweiht hat?«, höre ich Papa.

»Wir waren noch nie im Saarland«, sagt Mama und wirft mir eine orangefarbene Sicherheitsweste zu.

Ich ziehe sie mühsam über, mein Magen hebt sich wieder, und ich kotze den ganzen schönen Schinken von Frau Rauchfleisch zwischen die Bierdosen, Zigarettenschachteln und Müsliriegelverpackungen auf dem Randstreifen.

»Ach sieh mal, sind das nicht die Wegerichs?«, sagt Papa und zeigt in den vorbeikriechenden Verkehr.

Henk heißt Wegerich mit Nachnamen. Das kann nicht wahr sein. Wir sind irgendwo auf irgendeiner Autobahn weit weg von zu Hause, ich kotze mir die Seele aus dem Leib, und ausgerechnet Henk kommt mit seinen Eltern vorbeigefahren. Hoffentlich erkennen sie uns nicht.

»Hup doch mal«, sagt Papa.

Mama hupt.

Die Wegerichs hupen zurück.

Ich sehe noch, wie Henk mir vom Rücksitz aus den Mittelfinger zeigt und lacht.

Kalifornien kann ich jetzt schon mal vergessen.

Komme in mein Zimmer und sehe auf der Bettdecke zwei Magazine: eins mit einer nackten Frau auf dem Cover. Eins mit einem nackten Mann. Neben dem Bett steht eine Schachtel Kleenextücher.

Mama! Im Ernst?!

Ich habe gerade Jason umgebracht.

Gestern Abend röchelte ich (als Jason) was von einer schweren Lebensmittelvergiftung nach dem Besuch eines Fischrestaurants und hab den Clip hochgeladen. Constanze schrieb daraufhin vierundsiebzig Nachrichten mit Gute-Besserungs-Wünschen. Heute hab ich als sein älterer Bruder James gepostet (nur Text und Standbild, kein Clip; zu viel Stress), dass Jason gar keine Lebensmittelvergiftung hatte, sondern eine schwere Allergie. Die Ärzte hätten die ganze Nacht um sein Leben gekämpft, aber vergeblich.

Constanze will jetzt von James wissen, wann und wo die Beerdigung ist.

Ich habe ein bisschen recherchiert. Leider kommt das mit der Allergie, die man für eine Lebensmittelvergiftung hält, nicht so ganz hin. Die Ärzte müssten schon selten dämlich sein, um sich da zu irren. Hoffentlich merkt Constanze nichts.

Achtundneunzig Follower von Jason wollen zu seiner Beerdigung kommen.

Ich habe als Jasons Bruder James gesagt, dass nur die engste Familie an der Beerdigung teilnehmen wird.

★ Freitag, 26.8., 09:45 Uhr

Ein Klugscheißer aus New York hat bei Jason kommentiert, dass die Ärzte schon selten dämlich sein müssten, um eine Lebensmittelvergiftung nicht von einer Fischallergie unterscheiden zu können. Er legt James nahe, das Krankenhaus zu verklagen und bietet ihm an, mit seinem Vater zu reden, der sich als Anwalt auf Kunstfehlerprozesse spezialisiert hat.

Constanze hat den Eintrag kommentiert und will nun wissen, in welchem Krankenhaus Jason war, um den Fall an die Presse zu bringen. Ihr Vater hätte da gute Beziehungen. (Constanzes Vater ist der Chefredakteur des Kulturteils, und Papa sagt immer: »Da haben sich die beiden Richtigen gefunden.« Weil er ständig über Constanzes Mutter in der Zeitung schreibt, klar.)

Henk hat einen Clip davon hochgeladen, wie ich in einer orangefarbenen Sicherheitsweste den Randstreifen vollkotze. Vorwärts und rückwärts. Ich habe es eben gesehen. Er hat ein Loserurlaub-Meme draus gemacht und zweitausenddreihundertvierundachtzig Likes dafür bekommen. Auch von Constanze.

Die über hundertfünfzig Kommentare drehen sich vor allem darum, wo ich wohl meinen Urlaub verbracht habe. (Henk kam gerade mit seinen Eltern aus Schweden, wo sie gesegelt sind. Warum müssen die ausgerechnet dieses Jahr nach Schweden und nicht wie sonst nach Griechenland?) Die meisten tippen auf Rügen. Ich kann mich nie wieder in der Schule blicken lassen. Wir waren nicht mal in der *Nähe* von Rügen, und Rügen scheint schon der totale Loserurlaub zu sein.

Gerade den Schreck des Tages bekommen: Es klingelt, und draußen vor der Tür kläfft der dämliche Pudel von dem Alten nebenan. Ich schau also durchs Fenster vom Gästeklo, und da steht tatsächlich der Opa mit der Töle und hat eine Plastiktüte in der Hand. Ich weiß nicht, ob ich ihm aufmachen soll. Er klingelt immer weiter, bollert auch noch mit der Faust gegen die Tür und ruft: »Hallo? Hallo! Ich weiß doch, dass du da bist! Ich hab gehört, wie du die Treppe runtergerannt bist!«

Mein Fehler. Ich mache also auf. Wir starren uns an und sagen kein Wort. Dann hält er mir die Plastiktüte unter die Nase, sodass ich sehen kann, was drin ist: ein Karton.

»Jetzt nimm endlich«, sagt er.

Ich so: »Warum?«

Er verdreht die Augen und lässt die Tüte vor meine Füße fallen. Dreht sich um, zerrt den Pudel hinter sich her und verschwindet.

Ich schnappe mir die Tüte und nehme sie mit rein. Weil ich misstrauisch bin und dem Alten alles zutraue, gehe ich damit ins Bad, ziehe mir die Gummihandschuhe von der Putzfrau an und setze mir eine FFP2-Maske auf (sind ja noch genügend übrig). Dann nehme ich vorsichtig die Schachtel aus der Tüte. Es ist ein Schuhkarton. Ich öffne ihn mit dem Stiel von Papas Zahnbürste, um direkten Kontakt zu vermeiden, Handschuhe hin oder her.

Ein bisschen fühle ich mich wie die Typen im Fernsehen, wenn sie Tatorte untersuchen oder Bomben entschärfen oder so was.

Ich weiß gar nicht genau, was ich erwartet habe. Wahrscheinlich so ziemlich alles von einem abgeschnittenen Pferdekopf (obwohl eine Schuhschachtel dafür ja eigentlich zu klein ist) über einen toten Vogel bis hin zu einem Haufen Pudelkacke. Mit neuen Sneakers habe ich jedenfalls nicht gerechnet. Sie sind fast so wie die, die ich mir gerade frisch eingesaut habe, nur schöner. Und die Größe stimmt auch. Ich probiere sie sofort an und will sie nie wieder ausziehen.

Es braucht ein paar Minuten, bis ich mich frage, wie der alte Sack von nebenan dazu kommt, mir neue Schuhe zu kaufen. Also rufe ich Mama in ihrer Galerie an, aber sie ist nicht da, sagt ihr Assistent, zu einer Kundin gefahren, um die Wände auszumessen oder so was in der Art.

Ich rufe Mama auf dem Handy an, und sie sagt, sie hat zwar gerade keine Zeit, weil sie dabei ist, ein paar Bilder zu verkaufen, aber so viel kann sie mir sagen: Sie hat sich den Alten zur Brust genommen, auch wenn sie findet, dass ich das selbst hätte machen sollen, schließlich wäre ich alt genug, um meine Bedürfnisse zu formulieren und klar zu artikulieren und dafür einzustehen und sie durchzusetzen. Oder so ähnlich. Dann legt sie auf, ruft zehn Sekunden später wieder an und sagt: »Edvard, rübergehen und Danke sagen musst du aber selbst. Das kann ich nicht auch noch für dich machen.«

Rübergehen und bedanken?

Scheiße.

Aber was soll ich machen? Ihm die Schuhe zurückgeben?

★ Freitag, 26.8., 12:39 Uhr

Warum muss ich mich überhaupt bedanken? Er hat seinen Köter auf den Bürgersteig kacken lassen, damit ich reintrete!

★ Freitag, 26.8., 12:40 Uhr

Ich kann die Schuhe nicht zurückgeben. Ich habe gerade versucht, sie auszuziehen. Meine Füße wollen sie aber nicht mehr hergeben. Sie fühlen sich an, als könnten sie nie wieder in anderen Schuhen laufen, so klasse sind die Sneakers.

★ Freitag, 26.8., 12:45 Uhr

Ich muss wohl rübergehen und mich bedanken.

Aber erst schaue ich in der App nach, was Constanze so macht.

★ Freitag, 26.8., 13:30 Uhr

Ich bin so blöd. Ich habe mich aus Gewohnheit als Jason in der App angemeldet, um Constanze zu stalken. Sie hat geschrieben: »Letzter Ferienfreitag – freu mich aber auf die Schule! Dann hab ich wenigstens Ablenkung.« Und ich Trottel like das.

Ich mache es sofort rückgängig, aber Constanze hat es schon gemerkt und chattet mich *sofort* an. Ich tue so, als wäre ich James und hätte mich aus Versehen falsch eingeloggt.

Ohne auf ihre Antwort zu warten, schließe ich den Chat und lösche Jasons Profil. Dann melde ich mich als James an, um weiter auf dem Laufenden bleiben zu können.

Constanze chattet *sofort* James an und beschwert sich bei ihm darüber, dass Jasons Profil weg ist. »Wie sollen wir denn nun um ihn trauern können?« Ich verspreche, einen neuen Account zu seinem Gedenken anzulegen.

Bei Henk gibt es fünfzig neue Kommentare unter dem Clip, auf dem ich neben die Autobahn kotze. Ich traue mich endlich, es mir genau anzusehen: Mein Vater sitzt auf dem Beifahrersitz und winkt fröhlich in die Kamera. Meine Mutter sieht aus, als würde sie sich schrecklich langweilen. Ich stehe auf dem Grünstreifen, umklammere die Leitplanke und bin im Gesicht weißlich grün, was sich deutlich von der knalligen Sicherheitsweste abhebt, und kotze. Vorwärts und rückwärts.

Er hat jetzt einen neuen Clip hochgeladen: Näher rangezoomt, meine Zunge hängt raus, und meine Augen sind ganz verdreht. Dazu so eine lustige Musik wie aus so alten Schwarz-Weiß-Filmen, wenn jemand stolpert und eine Torte fallen lässt und ihm dabei noch ein Eimer mit Wasser auf den Kopf fällt.

Habe im Account von James einen Artikel gepostet, in dem es darum geht, dass die meisten Frauen auf Männer ohne Brustbehaarung stehen. Dass sich die Brustbehaarung beim Mann evolutionär bedingt zurückentwickelt, steht auch drin. Constanze hat den Link sofort geteilt. Dann hat sie mich, also James, angechattet.

»Du kannst ja Deutsch!«

Ich Idiot habe einen deutschen Artikel gepostet. Also denke ich mir irgendeinen Schwachsinn aus, so von wegen Deutschunterricht in der Schule gehabt, und dass ich Deutsch studieren würde.

»Das hat Jason mir nie erzählt!«

»Wahrscheinlich hast du ihn nicht nach mir gefragt.«

»Stimmt. Er hat nur geschrieben, dass du studierst.«

Glück gehabt! Aber es war verdammt knapp ...

Fühle mich jedenfalls sehr viel besser. Thema »Brustbehaarung« wäre damit abgehakt.

Hoffentlich liest Henk sich den Artikel durch!

★ Samstag, 27.8., 09:12 Uhr

Gerade drei Brusthaare entdeckt. Überlege noch, ob ich sie raus-
reißen soll. Sind ja schließlich absolut nicht angesagt, so Brusthaare.

Halbstündigen Vortrag von Mama beim Frühstück bekommen, weil ich mich noch nicht für die Schuhe bedankt habe. Es hätte ihn doch mit Sicherheit sehr viel Überwindung gekostet. Und natürlich auch Geld.

»Rentner sind heutzutage oft sehr arm«, sagt sie.

»Ist er überhaupt Rentner? Er sieht nicht sooo alt aus«, sagt Papa.

»Na ja, er ist immer zu Hause. Vielleicht ist er Frührentner. Und die haben noch weniger Geld.«

»Aber er hat ein Haus, das ist größer als unseres«, sagt Papa.

»Allein die Instandhaltungskosten«, sagt Mama.

»Dann soll er untervermieten, wenn er Geld braucht«, sagt Papa.

»Hä, hat er jetzt Geld oder nicht?«, frage ich.

»Das geht uns nichts an. Und wie gesagt, denk dran, wie viel Überwindung es ihn gekostet haben muss«, sagt Mama.

»Hey, und wer fragt mich, wie viel Überwindung es mich jedes Mal kostet, wenn ich seine Pudelscheiße unter der Sohle kleben habe?«

»Da ist was dran«, sagt Papa.

»Trotzdem muss er sich bedanken«, sagt Mama. »Es zeugt von Größe und Charakterstärke, wenn man ›Danke‹ und ›Entschuldigung‹ sagen kann, obwohl es einem manchmal schwerfällt.« Sie holt tief Luft, um wieder zu einem Vortrag anzusetzen, aber ich bin schneller.

»Ich geh schon«, sage ich und will losflitzen.

»Erst Tisch abräumen!«, dröhnt es hinter mir her.

War noch nicht bei dem Alten, weil ich Besuch hatte.

(Aber ich hab ihn vom Fenster aus gesehen, wie er seinen Rasen gemäht und dann die Straße gekehrt hat. Sein dämlicher Pudel war die ganze Zeit dabei, saß daneben und hat zugeschaut. Zwei Mal ist das Viech auf die Straße getrottet und hat gegen den Laternenmast gepinkelt.) Arthur ist rübergekommen, um mir haarklein vom Urlaub zu erzählen. Irgendwann ist dann auch noch Dinesh aufgetaucht. Es ist ganz komisch mit ihm: Wir rufen ihn nie an, und wir laden ihn auch nie zu irgendwas ein, aber er weiß trotzdem irgendwie immer, wo wir gerade sind, und kommt dazu. Jedenfalls, die beiden hatten wohl viel mehr Spaß als ich. Arthur hat auf dem Campingplatz lauter Kids aus Belgien und Holland kennengelernt, und ein paar davon waren genauso dick wie er. Er sagt, er darf sie in den nächsten Ferien auch mal besuchen. Dinesh hat mit seinen Eltern wieder das Übliche gemacht, sie waren drei Wochen in Kanada, eine Woche in Toronto, eine in Vancouver und eine in Montreal. Dinesh sagt, sie waren drei Mal in der Oper, vier Mal im Konzert und insgesamt in zwölf Museen. Er will gerade in die Einzelheiten gehen, aber Arthur und ich lassen unsere Köpfe auf die Brust fallen und machen Schnarchgeräusche. Er kennt das schon und macht gleich den Mund zu. Ich erzähle dann ein bisschen vom Biobauernhof und dass ich ganz viel Obst nicht mehr essen muss, weil ich allergisch drauf bin. Arthur ist schwer beeindruckt und sehr neidisch. Er will unbedingt wissen, wie ich das gemacht habe.

Und dann kommt der Knaller: Dinesh schiebt uns wortlos

sein Smartphone unter die Nase. Auf dem Display ist ein Foto von ihm mit einem Mädchen. Sie sieht genauso aus wie er. Dünn, klein, schwarze Haare, nur hat sie dunklere Haut als er. Sie tragen beide fast dasselbe dunkelbraune Brillenmodell und Jeansjacken, die überhaupt nicht zu ihnen passen.

Natürlich sagt Arthur: »Seit wann hast du ne Schwester?«

Aber ich kapier es gleich: »Hey, du hast ne Freundin?«

Dinesh nickt und strahlt.

»Wie heißt sie? Wo hast du sie kennengelernt?«, frage ich. Und Arthur: »Habt ihr schon gefickt?«

Dinesh wird rot. »Sie heißt Jamila und wohnt in Toronto, und wir sind uns im Mocca begegnet.«

»Seit wann trinkst du Mokka? Du magst doch gar keinen Kaffee«, sagt Arthur.

»Seit wann kennst *du* dich mit Kaffee aus?«, sage ich zu Arthur.

»Mocca ist das Museum of Contemporary Canadian Art«, sagt Dinesh und zeigt uns die Homepage. »Wir haben uns auf Anhieb verstanden und uns gleich für den nächsten Tag im Bata Shoe Museum verabredet.«

»Ihr habt euch *Schuhe* angeschaut?«, fragt Arthur und schmeißt vor Aufregung fast seine Coke Zero um. Arthur mag Schuhe. Er sagte mal, Schuhe passen wenigstens immer, egal, wie dick er gerade ist. Arthur wird immer in den Herbstferien zur Kur geschickt, damit er abnimmt. Wenn er wiederkommt, hat er schlechte Laune und versucht, sich bis Weihnachten an den Ernährungsplan zu halten. Aber spätestens auf dem Weihnachtsmarkt haut er wieder voll rein und nimmt in zwei Tagen oder so die ganzen Kilos zu, die er über Monate abgenommen hat. »Body Positivity«, sagt er immer, und dass er keine Lust hat, sich von seinen Eltern dissen zu lassen. Aber an Coke Zero hat er sich während der Kur so sehr gewöhnt, dass er die jeden Tag literweise in sich reinschüttet.

Dinesh zeigt Arthur ein paar Fotos, die er von Schuhen gemacht hat. Irgendwie sind es aber keine Schuhe, für die Arthur sich interessiert. Dann erzählt er noch ein bisschen von Jamila, und dass sie sich jetzt erst mal nur über Zoom und so was austauschen, aber Jamila will ihre Eltern überreden, dass sie in den Weihnachtsferien Dinesh besuchen darf.

»Und habt ihr gefickt?«, fragt Arthur.

Dinesh, der so langsam eine normale Gesichtsfarbe bekommen hatte, wird wieder knallrot. »Ich glaube, ich bin nicht der Typ für allzu stürmische Eroberungen«, sagt er gestelzt wie immer, »und Jamila auch nicht. Wir wollen unsere Beziehung langsam angehen lassen und abwarten, was die Zeit bringt.«

»Also hat sie dich nicht rangelassen«, nickt Arthur wissend.

Dinesh schaut ihn böse an, jedenfalls so böse, wie er es mit seiner Intelligenzfresse hinbekommt.

Ich war drüben und hab mich für die Schuhe bedankt. Ich meine, es sind ja auch super Schuhe. Ich habe sie sogar nachts angelassen, aber dann hat mich Papa dabei erwischt und ein lockeres Von-Mann-zu-Mann-Gespräch über Fetische geführt. Also, er dachte echt, es macht mich an, wenn ich nachts die Schuhe anlasse. Wie krank ist *das* denn? Ich will gar nicht wissen, was er so alles mit ins Bett nimmt, weil es ihn anmacht. Huaaaaah. Jedenfalls, als er gemerkt hat, dass er auf dem Holzweg ist, wurde er ganz rot und hat gesagt: »Na gut, gut, dann denk wenigstens an den Dreck, den du dir mit den Schuhen ins Bett schleppst.«

»Aber der ist doch nur am Fußende!«

Ab sofort werden die Schuhe abends eingezogen, damit ich sie nicht mehr im Bett anziehen kann. Irgendwie kapieren meine Eltern nicht, dass die Dinger das Bequemste sind, was es auf dieser Erde gibt.

Eigentlich war es auch ganz okay, dass ich rüber bin, um mich für die Schuhe zu bedanken. Der Typ ist übrigens noch komischer, als ich immer dachte. Ein Zimmer ist total vollgestopft mit uralten Möbeln, und in einem anderen Zimmer gibt es an allen Wänden nur Bücherregale. Sogar über der Tür sind Bücherregale. Und die Bücher stehen zweireihig, manche liegen quer auf Stapeln, und auf dem Boden sind noch mehr Stapel. Sonst gibt es da nur eine Leiter, wahrscheinlich, damit man an die Bücher rankommt, die ganz oben stehen, und einen Sessel mit einem kleinen Tischchen. Auf dem Parkettboden liegen drei Perserteppiche übereinander.

Ich soll mich aufs Sofa setzen, der Alte holt mir ein Glas

Wasser, und während ich warte, steht der Pudel vor mir, glotzt mich an, wedelt mit dem Schwanz und hechelt.

»Pudel«, sagt er und zeigt auf den Pudel.

»Seh ich«, sage ich.

»Nein, er heißt Pudel.«

»Ach so.« Dann weiß ich nicht mehr, was ich sagen soll, deshalb sage ich einfach noch mal: »Danke für die Schuhe.« Das habe ich zwar schon gesagt, als er die Tür aufgemacht hat, aber da hat er gar nicht drauf reagiert. Er hat nur gesagt, dass ich reinkommen soll.

»Ja, die Schuhe«, sagt er. »Waren es denn die richtigen?«

Ich hebe die Füße ein bisschen an. »Klar.«

»Dann pass mal auf, dass du damit nicht wieder in Pudels Haufen trittst.«

Soll der Dreckspudel eben nicht mehr auf den Bürgersteig scheißen, denke ich, aber ich trau mich nicht, es zu sagen. Ich sehe mich ein bisschen im Zimmer um.

»Ja, das sind alles Erinnerungen an meine Familie«, sagt er. »Die Leuchte ist noch von meinem Opa.«

»Muss alt sein«, sage ich. »Haben Sie kein Geld für eine neue?«

»Vielleicht will ich keine neue«, sagt er. »Pudel mag dich.«

Das Vieh hat seine Pfoten auf meine Knie gelegt und wedelt immer noch mit dem Schwanz. Ich strecke die Hand aus und tätschele ihm vorsichtig den Kopf.

»Ihr könnt ja mal zusammen spazieren gehen«, sagt er.

»Oh«, sage ich. »Ich weiß nicht.«

»Na, war nur so eine Idee«, sagt er.

Dann schweigen wir wieder, aber ihn scheint das viel weniger zu stören als mich. Er sieht ganz entspannt aus.

Ich grabe in meinem Hirn nach etwas, das ich sagen kann.

»Wohnen Sie hier schon lange?«, frage ich dann. »Ich meine, weil die ganzen alten Sachen noch rumstehen.«

»Die stehen hier rum, damit ich nicht vergesse.«

»Ah«, sage ich, obwohl ich nicht verstehe, was er meint.

»Meine Großeltern haben es gebaut. Ich bin in diesem Haus geboren.«

»Nicht im Krankenhaus?«, frage ich.

Jetzt lacht er ein bisschen. »Hier, in dem Zimmer direkt über uns«, sagt er. »Meine Mutter hat es nicht mehr bis ins Krankenhaus geschafft. Ich war wohl zu schnell. Und du?«

Ich zucke die Schultern. »Im Krankenhaus wie alle.«

»Wie alle.«

»Na ja, fast alle.« Ich überlege, wie alt er wohl ist und ob ich ihn das einfach fragen kann.

»Jetzt bin ich schon sechzig und immer noch hier«, sagt er, und ich erschrecke, weil ich für einen Moment denke, dass er meine Gedanken lesen kann.

»Was sind Sie denn von Beruf?«, frage ich.

»Ich war mal Professor«, sagt er. »Aber das ist so lange her, dass es schon gar nicht mehr wahr ist.«

Also echt, da weiß ich auch wieder nicht, was ich sagen soll. Ich trinke mein Wasser aus, tätschele Pudel den Kopf und sage noch mal: »Danke für die Schuhe, die sind echt super.«

Er nickt und steht auf. »Ja, und mir tut es leid, dass du immer so ein Pech mit Pudels Haufen hast. Deine Mutter hat mir gesagt, dass es nicht das erste Mal war, sondern ...«

»Ja«, sage ich schnell. »Klar. Aber alles halb so schlimm.«

Keine Ahnung, warum ich so einen Blödsinn sage. Natürlich ist es schlimm! Ich würde viel lieber sagen: »Mach halt sauber, wenn das Vieh irgendwo hingekackt hat, dann musst du den Nachbarskindern auch keine neuen Schuhe kaufen!«

Wir gehen zur Tür, und ich verabschiede mich.

»War nett, dass du da warst«, sagt der Alte. »Dann mal bis bald.«

Ich nicke und schaue aufs Klingelschild, weil mir gerade einfällt, dass ich gar nicht weiß, wie er heißt. Da steht: Tannenbaum. Lustiger Name, Tannenbaum.

Es gibt noch einen Tannenbaum. Er heißt Daniel Tannenbaum und war Professor für Astrophysik in Harvard, bis er sich nach einem Urheberrechtsstreit vorzeitig in den Ruhestand zurückgezogen und nie wieder etwas veröffentlicht hat.

(Steht alles bei Wikipedia.) Ich weiß das so genau, weil er der Verfasser des Astrophysik-Klassikers »Sterne« ist. Meine Bibel. Mein Lieblingsbuch. Vielleicht kennt Tannenbaum ja den anderen Tannenbaum. Muss ihn mal fragen.

Ich geh mal besser schlafen. Morgen Schule. ☹

Constanze. ☺

Henk. ☹ ☹ ☹

Eine Woche Schule: ganz schlimm.

Katastrophe 1:

Constanze trägt nur noch Schwarz, weil Jason gestorben ist, und sie behauptet, er sei ihr bester Freund gewesen. Es gehen schon Gerüchte um, dass Jason mehr als nur ihr bester Freund war. Constanze hat außerdem Jasons Bruder James mit Nachrichten zugeballert, damit er endlich den Gedenkaccount für Jason einrichtet. Ich habe mich (also ihn) tot gestellt. Schließlich hat der Bruder eines kürzlich Verstorbenen nicht endlos Zeit, sich auf sozialen Netzwerken mit einem Mädchen abzugeben, das er nicht mal kennt. Nun hat Constanze den Account selbst angelegt und James als Administrator hinzugefügt. (Meinen Edvard-Account hat sie dort übrigens als Erstes geblockt.) Außerdem hat sie ihm eine Nachricht geschickt: »Bitte lade ganz viele Bilder von Jason hoch, auch welche, als er noch klein war.«

Wo soll ich denn jetzt Bilder herbekommen?

Der Jason-Gedenkaccount hat schon zweihundert Follower. So viele hatte er zu Lebzeiten nicht.

Katastrophe 2:

Seit Montag gibt es eine neue Sitzordnung.

Weil Arthur endlos auf Klo ist, warte ich, bis sich Dinesh einen Tisch gesucht hat, und setze mich dann schnell an einen anderen. Ich tu so, als würde ich ihn gar nicht sehen, und wühle in meinem Rucksack. Arthur scheint auf dem Klo eingeschlafen zu sein. Ich stecke weiter meinen Kopf in den Rucksack.

Dann klingeln der Reihe nach so ziemlich alle Handys. Meins auch. Im Klassenchat hat Henk was geteilt: den Clip, auf dem ich kotze. Alle kreischen vor Lachen, und ich werde natürlich knallrot.

Von hinten brüllt Piesel, unser Klassenpunk: »Mega, fast so genial wie das Video von mir, als ich meinem Opa bei der Goldenen Hochzeit auf die Schuhe gekotzt hab!«

Dann setzt sich jemand neben mich. Ein Typ, den ich noch nie gesehen habe. Offenbar neu.

»Da ist besetzt«, sage ich.

»Da war frei«, sagt er.

»Da sitzt mein Kumpel Arthur«, sage ich. »Der ist nur grad auf dem Klo.«

»Dann muss er jetzt wohl woanders sitzen.« Der Typ knallt seinen Rucksack auf den Tisch. »Viel ist ja nicht mehr frei.«

Ich sehe mich um: Nur noch der Platz neben Dinesh.

Dinesh hat wohl als Einziger nicht kapiert, was im Klassenchat los ist. Er verrenkt sich nämlich den Hals nach den Handys der anderen, um rauszufinden, warum sie so lachen.

Sie lachen übrigens immer noch.

Der Typ neben mir fragt: »Warum bepissen die sich eigentlich gerade alle vor Lachen?«

Was habe ich schon zu verlieren? Vielleicht kapiert er ja, neben wem er hier sitzt, und macht Platz für Arthur. Ich sage: »Darum«, und zeige ihm das Foto von mir.

Er sieht es sich an. »Oh.«

»Meine Mutter fährt ein bisschen ruckelig Auto.«

»Verstehe.« Er schaut mich an. »Blöde Sache, hm?«

»Er hat ein Meme draus gemacht. Und jetzt noch mal an alle im Klassenchat verschickt«, sage ich.

»Wer, er?«

Ich zeige auf Henk.

»Macht er so was öfter?«

»Dauernd«, sage ich.

»Ist wohl sehr beliebt?«

»Voll.«

Dann steht er auf und geht zu Henk.

»Hey, ich bin Karli«, und schüttelt ihm die Hand. Na toll. Keine zwei Minuten in unserer Klasse, und schon schlägt er sich auf die dunkle Seite der Macht.

»Bist neu hier?«, fragt Henk.

»Yep. Aber wir haben eine gemeinsame Bekannte. Rate mal, wen ich meine. Hübsch und blond. Nicht aus unserer Klasse.«

Henk strahlt: »Moni?«

Ich sehe gerade zu Constanze rüber, die gar nicht strahlt, als der Name Moni fällt.

»Genau. Moni. Ich soll dir was ausrichten.« Auch das noch. In fünf Minuten sind sie wahrscheinlich die dicksten Freunde, die die Welt je gesehen hat.

»Echt? Hat mich wohl in guter Erinnerung behalten, die Kleine.« Henk schaut sich wichtig um und stellt sicher, dass auch ja jeder mitbekommt, was ihm die hübsche blonde Moni sehnsüchtigst auszurichten hat. »Also, was sagt sie?«

»Dass ihr noch nie so ein Loser wie du unter die Augen gekommen ist. Nichts für ungut, sie steht eher auf Typen, die was im Kopf haben.« Karli klingt, als würde es ihm echt total leidtun, und er klopft Henk kameradschaftlich auf die Schulter, bevor er zurück an meinen Tisch kommt.

Die anderen lachen wieder, aber diesmal anders. Sie platzen damit nicht laut raus, sie versuchen eher, es zu unterdrücken.

Piesel krakeelt: »Das klingt nach nem Korb!« Und jetzt lachen sie alle richtig laut.

Ich bin total durcheinander. »War diese Moni in deiner alten Klasse?«, frage ich Karli.

Der zuckt mit den Schultern. »Ich kenne keine Moni.«

Ich glotze ihn nur blöd an, dann kapiere ich. »Danke«, sage ich.

Er streckt mir die Hand hin. »Karli.«

Ich schüttele seine Hand. »Edvard.«

»Wie der Vampir?«

»Nein, wie der Komponist.«

»Grieg?«

»Kennst du?«

»Klar.«

»Bist du aber der Erste.«

»Problem damit, Edvard mit v?«

Wir lachen, und in dem Moment kommt Arthur rein.

Er verzieht das Gesicht, als er sieht, dass der Platz neben mir besetzt ist. Augenrollend verdrückt er sich zu Dinesh. Der freut sich natürlich und rückt ganz an den Rand, damit Arthur mehr Platz hat.

Ich bin immer noch ganz beeindruckt von Karli und schiele möglichst unauffällig zu ihm rüber. Er sieht völlig anders aus als Henk und die anderen Jungs: Rockabilly-Frisur, die Seiten und hinten kurz geschnitten, das Deckhaar länger und ganz akkurat zurückgegelt. Dazu trägt er ein schwarzes Jackett und enge karierte Hosen, die er in offene Stiefel gesteckt hat. Nicht gerade die Sorte, die mit Henk befreundet ist, hätte ich mir gleich denken können.

Eher die Sorte, die von Henk und seinen Freunden mit dem Kopf ins Klo gesteckt wird. (Dazu gehört jeder, der anders ist als Henk und seine Freunde. Mit Ausnahme von Piesel, vor dem hat Henk nämlich Angst, weil der einen großen Bruder in der Elf hat, und der ist auch Punk.) Aber auch nicht die Sorte, die sich mit mir anfreunden würde. Man sieht Henk an, dass er am liebsten jetzt in diesem Moment Karlis Kopf ins nächste Klo stecken würde, aber dann kommt Frau Kaygalak rein.

Und jetzt der Knaller: Frau Kaygalak kündigt uns die neue Mitschülerin an, und wir schauen uns alle suchend um, bis Karli aufsteht.

»Ich bin Karla, aber alle nennen mich Karli.« Sie nickt in die Runde. Gemurmel wird laut.

Als die Stunde vorbei ist, kommt Henk an unseren Tisch geschossen und sagt zu Karli: »Kannst froh sein, dass ich keine Mädchen schlage.« Und zu mir, viel, viel lauter, sodass es alle hören können: »Hey, Mädchen, bist du jetzt ihre neue beste Freundin? Und sie muss dich verteidigen?«

Was dann passiert, muss gesondert geführt werden als

Katastrophe 3:

Ich stehe auf und schlage Henk mit der Faust auf die Nase. Ich glaube, ich bin viel geschockter als er. Besonders, als seine Nase auch noch zu bluten beginnt. Hinter mir ertönt spontaner Applaus, wahrscheinlich von Arthur und Dinesh. Ich stehe immer noch unter Schock, als ich ins Büro der Direktorin gebracht werde. Ich habe keine Ahnung, wie lange es gedauert hat, bis

meine Eltern gekommen sind. Mein Vater hat eine Orchester-
probe ausfallen lassen, aber Mamas Galerie ist montags sowieso geschlossen, sie war zu Hause und hat Papierkram erledigt.
Komisch, dass ich mehr über meine Eltern nachgedacht habe
als darüber, was wohl mit mir passiert.

Die Direktorin spricht lange mit den beiden, aber ich höre
gar nicht richtig zu. Ich sehe nur vor mir, wie ich Henk eins auf
die Nase gebe und ihm das Blut über den Mund läuft. Irgendwann kommt er dann rein, jemand sagt mir, ich muss mich ent-
schuldigen, was ich auch mache, und dann entschuldigt sich
Henk bei mir, und wir fahren alle nach Hause.

Ich bekomme zum ersten Mal in meinem Leben Hausarrest
und Internetverbot, und mein Handy nehmen sie mir auch weg.
Sonst wird bei uns immer alles ausdiskutiert.

Diesmal nicht.

»Das Einzige«, sagt Mama, »was mir dazu einfällt, ist: Du
bist schon strafmündig.«

»Und außerdem hast du noch nie so etwas getan. Also, noch
nie!«, sagt Papa. Ihn macht das Ganze noch viel mehr fertig als
Mama. Mama scheint damit eigentlich sogar ganz cool zu sein.
»Von wem er das nur hat!«, sagt Papa und schaut ganz komisch
in ihre Richtung. »Wir haben ihn doch immer so erzogen, dass
er Konflikte vernünftig löst.«

»Ganz ehrlich, ich hätte diesem Henk auch eine reingehau-
en«, sagt Mama. Aha! »Aber natürlich ist das keine Lösung«,
schiebt sie schnell hinterher. »Edvard, du hast jetzt eine Woche
Zeit, nachzudenken und mit uns darüber zu reden, wie man sich
angemessen zur Wehr setzt.«

In der Schule hatten wir dann eine Extrastunde zum Thema
Mobbing. Henk ist die ganze Woche zu Hause geblieben, obwohl

die meisten Sachen, die gesagt wurden, ziemlich direkt an seine Adresse gingen, aber na gut. Seine Kumpels lassen mich jetzt in Ruhe, sie machen einen Bogen um mich, und Karli hängt nun immer mit Arthur, Dinesh und mir rum. Sogar Piesel hat schon gefragt, ob wir nicht mal mit ihm abhängen wollen.

Aber eins hat sich nicht geändert: Constanze. Wenn sie mich sieht, rollt sie immer nur mit den Augen und dreht mir den Rücken zu.

Dafür hat Jasons Gedenkaccount mittlerweile dreitausend Follower. Ich habe keine Ahnung, wie das passieren konnte. Ich ignoriere das Ganze am besten. Wenn auf dem Account nichts passiert, legt sich das Interesse von selbst.

Seit heute Abend darf ich also wieder ins Internet, aber nur für eine halbe Stunde pro Tag.

Und jetzt mache ich das, was ich die ganze Woche über gemacht habe: mir alte Star-Trek-DVDs von Mama reinziehen. Die *Next-Generation*-Staffel kann ich langsam mitsprechen.

★ Samstag, 3.9., 20:12 Uhr

Jasons Gedenkaccount hat fast zehntausend Fans. Es gibt Hunderte von Kommentaren. Die meisten regen sich darüber auf, dass Jason Opfer eines so tragischen Kunstfehlers geworden ist, und empfehlen Rechtsanwälte, an die sich die Familie wenden kann.

Viele wollen wissen, in welchem Krankenhaus er gestorben ist, und fordern Jasons Familie auf, die Namen der beteiligten Ärzte zu veröffentlichen.

Der Rest will wissen, wann und wo die Trauerfeier ist und ob sie Blumen mitbringen oder lieber Geld an eine wohltätige Organisation spenden sollen.

Daraus entstand die Idee, eine Stiftung in Jasons Namen zu gründen. Gerade wird darüber diskutiert, wem diese Stiftung zugutekommen soll. Eine Stiftung???

Ich hätte nie gedacht, dass ich einmal froh sein würde, für ein paar Wochen pro Tag nur eine halbe Stunde online sein zu dürfen.

Heute Nachmittag ein bisschen mit Arthur, Dinesh und Karli abgehangen. Wir sitzen im Garten rum und lästern über Wesley Crusher, als meine Mutter mit Piesel im Schlepptau ankommt.

»Hier ist noch ein Freund von euch«, sagt sie.

»Das ist kein Freund von uns«, sage ich.

»Der hat sich nur zu uns in die Klasse verirrt«, sagt Arthur.

Mama stemmt die Hände in die Hüften. »Edvard, nur weil du so schlecht von diesem bemitleidenswerten Henk behandelt wurdest, musst du dieses Verhalten noch lange nicht an andere weitergeben. Es ist verständlich, dass du das tust, viele Mobbingopfer reagieren so. Aber ich weiß, dass du stark und selbstbewusst genug bist, um nicht dieselben Fehler wie dieser armselige Henk zu machen.«

Henk bekommt, wenn meine Mutter von ihm spricht, neuerdings immer irgendein Adjektiv vor seinen Namen geklatscht. Immer ein anderes, nie eins, das ihm gefallen würde.

»Mama, ich bin kein Mobbingopfer, ich war einfach nur genervt«, sage ich.

»Natürlich bist du ein Mobbingopfer. Verdrängung und Selbstverleugnung sind ebenfalls typisches Opferverhalten. Wir sollten mal mit einem Psychologen darüber reden. David?«, brüllt sie in Richtung Haus.

Man hört schwach das Gemurmel von meinem Vater.

»Wie heißt diese Psychologin, die deine ganzen Sängerinnen und ersten Geigen therapiert?«

»Constanzes Mutter ist in Therapie?«, fragt Arthur interessiert.

Natürlich weiß jeder, dass ihre Mutter an der Oper singt, an der mein Vater Generalmusikdirektor ist.

Mein Vater ruft irgendwas aus dem Haus zurück, das ich nicht verstehe.

»Prima, sag ihr, unser Sohn möchte sie gerne kennenlernen. Einmal die Woche, wenn das reicht.«

»Möchte ich *nicht*!«, sage ich.

»Dann hätten wir das ja geklärt. Und seid nett zu – wie heißt du noch mal?«

»Piesel«, sagt Piesel.

»Ach, schön«, sagt Mama und strahlt ihn an. »Kann ich dir was anbieten?«

»Bier und nen Joint?«, sagt Piesel und grinst.

Mama lacht, klopft ihm auf die Schulter und sagt: »Ich hol dir eine Cola und einen Aschenbecher, aber übertreib es nicht.«

Meine Eltern sind wahrscheinlich die einzigen Eltern, die es als ein Zeichen gelungener Erziehung sehen, wenn ihr vierzehnjähriger Sohn weiß, wie Bier schmeckt, und er schon mal an einer Zigarette gezogen hat. (Natürlich fänden sie es nicht gut, wenn ich rauchen würde, aber sie sind der Meinung, man müsse alles mal probieren, um informierte Entscheidungen treffen zu können.) Und die es unterstützen, dass er mit Punks wie Piesel befreundet ist, statt ihn rauszuwerfen und sich mit dessen Eltern in Verbindung zu setzen, weil er im Garten vor den Augen von vier beeinflussbaren, pubertierenden Jugendlichen in aller Seelenruhe einen Joint dreht, und das, wo er doch selbst noch ein pubertierender Jugendlicher ist.

Dinesh, Arthur, Karli und ich sehen Piesel jedenfalls mit verschränkten Armen dabei zu, wie er sich mit Tabak, Blättchen, einem bräunlichen Klumpen und Filter abmüht, und ich glaube, wir wissen alle vier, dass er das längst noch nicht so oft gemacht hat, wie er behauptet.

Vielleicht bastelt er auch gerade zum ersten Mal eine Tüte und weiß nur, wie es auszusehen hat, weil er seinem Bruder immer zuschaut. Vielleicht raucht er in Wirklichkeit nicht mal, jedenfalls nicht auf Lunge.

Mama bringt uns ein paar Flaschen Cola, nimmt Piesel das Zeug aus der Hand, und ich denke schon, sie nimmt es ihm ab, weil sie es doch nicht so toll findet, wenn Minderjährige in ihrem Garten einen Joint rauchen. Aber dann baut sie ihm schneller eine Tüte zusammen, als ich »Piesel hat sie nicht mehr alle« sagen kann, und verzieht sich wieder ins Haus.

Piesel schaut ganz schön verkniffen, aber dann zündet er sich das Ding umständlich an und pafft daran rum. Wir lästern weiter über alle möglichen Serienfiguren aus dem Fernsehen, als im Gebüsch etwas raschelt.

Pudel hat ein Loch in der Hecke gefunden und sich zu uns durchgequetscht. Piesel kreischt laut, als er ihn sieht, und lässt seinen Joint fallen. Wir lachen ihn aus, und er jammert rum, dass er ne Hundehaarallergie hat und deshalb ganz schnell nach Hause muss. (Die Tüte nimmt er aber mit.)

Pudel schnüffelt an uns und legt sich dann zwischen Dinesh und Karli, die ihn beide begeistert kraulen. Irgendwann hauen Arthur und Dinesh ab. Einer von Arthurs vielen Brüdern hat Geburtstag, und Dineshs Oma ist gerade zu Besuch. Karli spielt noch mit Pudel. Ich surfe mit ihrem Smartphone im Netz, immer mit einem Auge in Richtung Haus, falls meine Eltern rauskommen. Das würden sie ja dann von meiner Internetzeit abziehen.

»Warum eigentlich Edvard?«, fragt sie.

»Weißt du doch. Wegen Grieg. Na ja, und wegen Munch.«

»Wegen dem auch noch?« Karli lacht.

»Mein Vater steht auf die Musik von Grieg und meine Mutter auf die Bilder von Munch. Sie wollten mir auch im Namen einen Teil von sich mitgeben, haben sie gesagt.«

»Nett.« Sie wirft ein Stöckchen. Pudel brettert in einen Busch, um es zu holen. »Und jetzt bist du voll musikalisch und malst wie ne Eins?«

»Ich kann mir keine einzige Melodie merken, und nachdem mein Vater versucht hat, mir den Unterschied zwischen einer Quarte und einer Quinte zu erklären, war er reif für die Psychiatrie. Und was die Malerei angeht, da krieg ich keinen geraden Strich hin.«

»Moderne Kunst vielleicht. Du könntest Farbbeutel auf eine Leinwand werfen«, schlägt Karli vor.

»Ich würde daneben werfen. Und warum heißt du Karl, äh, Karla?«

»Wegen meinem Opa«, sagt sie nur. »Hast du einen zweiten Vornamen?«

»Und einen dritten.«

»Sag.«

»Nee, is mir peinlich.«

»Meiner ist Brunhild.«

»Hör auf!«

»Meine Oma hieß Brunhild.«

»Die Frau von Karl?«

»Nein, die andere Oma. Und jetzt sag.«

»Okay. Vollständig und komplett heiße ich Edvard Gregory Walter de Vigny.«

»Da hattest du in der Grundschule aber eine Menge zum Buchstabieren«, sagt Karli. »Und wieso Gregory?«

»Gregory Walter Graffin. So heißt der Sänger von Bad Religion, der nennt sich aber Greg.«

Sie schaut nachdenklich.

»21st Century Digital Boy? Gibt es seit vierzig Jahren?«

»Ah.« Sie tut so, als wüsste sie Bescheid. Wetten, dass sie nachher heimlich googelt? »Und deshalb will deine Mutter, dass du ein bisschen mit Piesel abhängst, damit der Punk in dir zum Vorschein kommt, wo du schon nicht malen und musizieren kannst?«

Ich zucke die Schultern. »Eltern halt.«

»Vielleicht wollten sie auch, dass du Evolutionsbiologe wirst«, kommt eine Stimme aus der Hecke, und wir erschrecken beide ganz furchtbar. Pudel kommt mit seinem Stöckchen endlich aus dem Strauch und wedelt mit dem Schwanz die Hecke an.

»Herr Tannenbaum?«, frage ich unsicher.

»Ist Pudel bei euch?«, fragt mich die Hecke.

»Wir schicken ihn rüber«, sage ich und schnappe mir Pudels Halsband. »Warum eigentlich Evolutionsbiologe?«, frage ich, während ich mit Karli versuche, den Hund durch das Loch in der Hecke zu schieben.

»Der Sänger von Bad Religion. Hat einen Doktor in Evolutionsbiologie. Wusstest du das nicht?«

»Quatsch, der ist doch Sänger von einer Punkband!«

»Ja.«

Karli biegt sich vor Lachen. »Bist du wenigstens in Bio gut?«

Ich schüttle den Kopf. »Keine Chance.«

»Und was interessiert dich? Bis jetzt weiß ich nur, was auf der Abschussliste steht.«

Ich überlege, ob ich es ihr sagen soll, aber ich trau mich nicht, weil der alte Tannenbaum zuhört. »Woher wissen Sie das mit dem Evolutionsbiologen?«, frage ich ihn.

»Ach, ich kenne ihn noch von früher«, sagt Tannenbaum.

Und da kann ich nicht anders, da muss ich natürlich weiter nachfragen. Wir enden schließlich in seinem Wohnzimmer mit den vielen alten Möbeln, und er erzählt uns davon, dass er in Harvard unterrichtet hat, und dass er Greg Graffin zufällig mal kennengelernt hat, damals Ende der Neunziger. Die beiden mailen sich ab und zu! Und ich muss feststellen, dass Tannenbaum genau der Tannenbaum ist, der mein Lieblingsbuch geschrieben hat. Mein Nachbar hat »Sterne« geschrieben!

Karli fragt irgendwann wieder nach meinen Lieblingsfächern, und auch der alte Tannenbaum bohrt und bohrt. Sie nerven mich so lange, bis ich endlich sage: »Okay, damit ich endlich Ruhe habe: Physik. Eigentlich Astrophysik. Ich will später mal in einer Sternwarte arbeiten. Ich will Weiße Zwerge entdecken, Rote Riesen und Schwarze Löcher berechnen, ich will, dass ein Komet nach mir benannt wird, aber ich glaube nicht, dass es dazu kommen wird, weil ich nämlich keinen blassen Schimmer von dem habe, was sie uns in der Schule versuchen beizubringen. Also werde ich nach dem Abi, falls ich es überhaupt schaffe, irgendeinen langweiligen Mist studieren oder eine langweilige Ausbildung machen und mich den Rest meines Lebens zu Tode langweilen. Und Mädchen wie Constanze werden sich noch weniger für mich interessieren, falls das überhaupt noch möglich ist.«

Karli und Herr Tannenbaum schauen mich mit großen Augen an.

»Soll ich dir helfen?«, fragt Tannenbaum schließlich. »Ich kann dir Nachhilfe geben.«

»Ich bin ein hoffnungsloser Fall«, sage ich.

»Ich kann dir auch Nachhilfe geben«, sagt Karli.

»Du kannst Physik?«

»Nee, aber ... das andere. Wegen Constanze.«

Ich muss ein bisschen grinsen. »Danke«, sage ich in die Runde.

Herr Tannenbaum hilft mir bei Physik, Mathe, Chemie und sogar Bio. Wenn ich das mal früher gewusst hätte! Macht sogar fast Spaß. Jedenfalls erklärt er alles viel besser als die Lehrer in der Schule. Ich habe zum Beispiel gelernt, wie Komposttoiletten funktionieren und warum sie eine tolle Sache sind.

Mama gleich so: »Siehst du, Edvard, du bist nicht zu dumm, du hast einfach nur nicht den richtigen Ansatz gefunden.«

»Und warum ist keiner von euch mal auf die Idee gekommen, dass ich Nachhilfe nehmen könnte?«, frage ich.

»Wir wollten dich nicht unter Druck setzen«, sagt Mama. »Du sollst ja nicht in dem Glauben aufwachsen, ein Mensch sei nur etwas wert, wenn die Leistung stimmt.«

»Äh – hallo? Ich will später mal Astrophysiker werden und das Beamen erfinden! Ich glaube, da sind gute Noten ganz hilfreich, sonst kann ich das vergessen!«

»Kümmern sich nicht Teilchenphysiker ums Beamen?«, fragt Papa.

»In deinem Alter wollte ich Krankenschwester werden«, sagt Mama. »So was ändert sich doch dauernd.«

»Du wolltest mal Krankenschwester werden?«, fragt Papa.

»Ja, das war, bevor mir klar wurde, dass das auch nur einer dieser typischen unterbezahlten Frauenberufe ist und ich damit ein System unterstützen würde, das abgeschafft gehört.«

Ich verstehe mal wieder kein Wort und verziehe mich.

Beim Checken von Jasons Gedenkaccount sehe ich, dass er mittlerweile über dreißigtausend Follower hat. Ich logge mich sofort wieder aus.

★ Montag, 12.9., 19:52 Uhr

Habe so viel zu tun, komme gar nicht mehr zum Schreiben. Es ist super. Tannenbaum nimmt mich mit in die Sternwarte, wir gehen in Naturkundemuseen, machen unsere eigenen Versuche bei ihm zu Hause. Manchmal kommen Karli und Dinesh mit, obwohl sie überall gute Noten haben. Nur Arthur ist irgendwie mies drauf. Ihn interessiert das alles null, und er fühlt sich vernachlässigt. Deshalb haben wir heute einen Star-Trek-Filmnachmittag veranstaltet – mit Verkleiden und allem. Ich habe eine ganz coole Uniform für den ersten Offizier, Arthur kam als Klingone (was aber nicht wirklich überzeugend war, weil er glaubt, dass eine Langhaarperücke und ein Heavy-Metal-T-Shirt mit einer zu engen Lederhose das richtige Outfit sind), Dinesh war der Android Data und Karli eine Vulkanierin.

Wir wussten gar nicht, dass sie ein Trekkie ist. Piesel kam noch reingeschneit und hatte ein Laserschwert dabei. Hat ein bisschen gedauert, bis er kapiert hatte, dass er im falschen Film war. Nachdem wir drei Filme ohne Pause geschaut hatten, war Arthur wieder besser drauf.

Freue mich total auf morgen, da schreiben wir die erste Mathearbeit in diesem Schuljahr. Muss aufhören, ich will noch ein paar Übungen zum Thema »Binomische Formeln« downloaden.

(Edit: Constanze hat mich heute in der Pause gefragt, ob Karli meine Freundin ist. Ich habe nur mit den Schultern gezuckt, und Constanze hat ganz komisch geschaut. Ich glaube, sie ist ein bisschen eifersüchtig.)

Meine erste 1 in Mathe!!! Mit Tannenbaum als Nachhilfelehrer
mach ich mein Abi mit einem 1,0-Schnitt!!! Und dann bekomme
ich ein Stipendium und gehe in die USA und studiere in Harvard,
und dort habe ich ein neues Leben ganz ohne Henk, und vielleicht verliebt sich Constanze in mich, weil ich dann erfolgreich
und cool bin!!!

Ich bin gerettet!!!

Ich bin am Arsch. Tannenbaum zieht weg! Mein Leben ist vorbei!

Okay. Der Reihe nach. Donnerstag habe ich Tannenbaum meine Mathearbeit gezeigt, und da war er schon ein bisschen komisch. Klar, er hat sich gefreut und das alles, aber er hat auch so seltsame Sachen gesagt wie: »Denke immer dran, dass du das alles ganz alleine geschafft hast.« Und: »Du weißt, dass du das auch ohne mich hinbekommst, Edvard, oder?« Da dachte ich noch, das sind irgendwelche Motivationssprüche, wie sie meine Eltern immer loslassen. Aber heute bin ich zu ihm rüber, weil wir ein paar Versuche mit elektrischer Spannung machen wollten. Ich darf mittlerweile durch die Küchentür ins Haus und muss nicht mehr klingeln. Also gehe ich in die Küche, tätschle Pudel ein bisschen, und vorne im Flur höre ich, wie Tannenbaum ziemlich wütend ins Telefon brüllt. Als er mich sieht, hört er auf zu brüllen, schaut den Hörer in seiner Hand an (er hat echt noch so ein altmodisches Festnetz, voll retro) und knallt ihn auf die Gabel.

»Tut mir leid, Edvard«, sagt er. »Wie es aussieht, muss ich hier weg.«

Ich kapiere es nicht gleich. »Wie, weg? Müssen Sie jemanden besuchen? Oder auf so eine Art Dienstreise?«

Er sagt mir, dass er aus seinem Haus rausmuss. Es gehört ihm nämlich gar nicht.

»Aber es ist doch Ihr Haus?«, sage ich.

»Es gehört mir nicht. Ich zahle Miete.«

»An wen? Ihr Großvater hat es doch gebaut! Es gehört doch Ihrer Familie!«

Ich frage und frage, bis ich endlich alles weiß:

Die Geschichte von Ex-Professor Daniel Tannenbaum

Also. Tannenbaum ist wirklich in diesem Haus geboren. Anfang der sechziger Jahre. Da waren seine Eltern gerade wieder hier eingezogen, und sie waren total glücklich darüber. Tannenbaums Großeltern waren nämlich Juden und mussten natürlich abhauen, und als sie nach dem Krieg mit ihrem Sohn (Tannenbaums Papa) zurückkehrten, setzten sie alles dran, um ihr Haus wiederzubekommen, das man ihnen abgenommen hatte.

Studieren gegangen und eine ganze Weile dort geblieben, bestimmt fünfundzwanzig Jahre. Da schrieb er ein paar Bücher, unter anderem »Sterne«, das ich toll finde (hab ich schon mal erwähnt, oder?) und das heute immer noch ein Standardwerk ist, wie er sagt. Es lief echt gut für ihn, alles prima. Dann sind seine Eltern gestorben, ganz tragisch, erst war die Mutter schwer krank, dann hatte der Vater kurz drauf einen Unfall. Tannenbaum hat das alles total mitgenommen. In Amerika lief es auch gerade nicht gut, seine Frau ließ sich von ihm scheiden, und er hatte Riesenärger mit einem Kollegen, der irgendwie von ihm abgeschrieben und einen Aufsatz veröffentlicht hat, der dann total der Renner in der Fachwelt wurde. Tannenbaum musste vor Gericht gehen und den Arsch verklagen und alles Mögliche, aber der Richter sagte dann, es wäre absolut nicht sicher, wer hier was zuerst geschrieben oder entdeckt oder sonst was hätte, und nach so viel Scheiße hatte Tannenbaum die Schnauze voll, setzte sich in den nächsten Flieger und zog wieder in sein Elternhaus ein, obwohl von seiner Familie niemand mehr da war. Das war ungefähr vor fünfzehn Jahren. Durch die Scheidung und den Prozess und das alles hatte er kein Geld mehr. Aber er hatte auch keine Lust, weiter als Professor zu arbeiten, weil ihm dieser ganze Wissenschaftssumpf (Zitat von ihm!) zu blöd geworden war. Er verkaufte das Haus an einen alten Mann, den er total nett fand und der seine Lage absolut gut verstand. Der Mann ließ ihn für eine günstige Miete in dem Haus wohnen und versprach ihm, dass er lebenslang dort bleiben kann.

Tannenbaum fand das eine prima Lösung. Er konnte da viel lesen, immer noch Sterne gucken und hobbymäßig forschen und auf dem neuesten Stand bleiben. Zum Geldverdienen machte er Führungen in einer Sternwarte und arbeitete an ein paar Schulbüchern mit und unterrichtete an der Volkshochschule, aber »unter falschem Namen«, wie er mir sagte.

Na, und vor ein paar Wochen ist der nette alte Herr, der ihm das Haus abgekauft hat, gestorben. Und dessen Tochter behauptet, nichts davon zu wissen, dass ihr Vater Tannenbaum versprochen hat, dass er sein Leben lang da wohnen bleiben kann. Sie faselt was von Eigenbedarf und hat ihm gekündigt, aber Tannenbaum will auf keinen Fall aus dem Haus raus. Nur hat er leider nichts in der Hand, weil er sich auf das Wort von dem alten Mann verlassen hat. Vielleicht gab es auch mal was Schriftliches, sagt Tannenbaum, aber er hat keine Ahnung, wo der Wisch jetzt nach so vielen Jahren noch sein soll, wahrscheinlich irgendwann mal mit anderen Papieren weggeschmissen.

Jedenfalls: Er hätte Ende August schon rausgemusst. Jetzt hat er noch bis Monatsende, das ist Freitag in einer Woche, eine Gnadenfrist bekommen.

»Aber ... Sie können sich doch eine Wohnung in der Nähe nehmen?«, sage ich.

Tannenbaum schüttelt den Kopf. »Nein, Edvard, das ist mein Zuhause. Wenn ich aber hier nicht mehr leben darf, dann gehe ich ganz weit weg, weil es mir sonst viel zu wehtut, jeden Tag mein Haus zu sehen. Und wer weiß, vielleicht lässt es diese Frau sogar abreißen oder macht irgendwas Schreckliches damit.«

Ich schlucke. »Darf die das?«

»Es gehört ihr.«

»Aber Sie können jetzt nicht weggehen!«, sage ich. »Was ... was wird denn dann aus mir?«

»Edvard, du hast in kürzester Zeit gemerkt, was du alles kannst. Du brauchst mich doch gar nicht. Außerdem gibt es ganz viele andere Nachhilfelehrer, die das sogar noch besser machen als ich.«

Ich sehe ihn an und schüttele den Kopf. »Aber ich mag Sie«, sage ich und bin selbst ganz erschrocken, dass ich das gesagt habe. »Bei Ihnen fühle ich mich nicht so falsch wie bei den meisten anderen Leuten.«

Tannenbaum reibt sich das Gesicht mit den Händen und seufzt. »Ich würde auch viel lieber hierbleiben, Edvard, aber ich habe keine Ahnung, wie das gehen soll.«

Mein Leben ist vorbei. Gerade, als ich dachte, es könnte irgendwie bergauf gehen. Ich bin am Ende. Und Constanze mag mich auch nicht. Ich habe ihren Account gestalkt, da redet sie die ganze Zeit nur über Jason. Lauter neue Clips, in denen sie erzählt, wie schlecht es ihr geht, seit Jason nicht mehr da ist, jetzt gibt es niemanden mehr, der sie wirklich versteht, sagt sie.

Und ich habe doch tatsächlich für einen Moment geglaubt, sie würde mich ganz nett finden, weil ich mir eingebildet hatte, sie wäre eifersüchtig auf Karli.

Aber klar, niemand wäre auf Karli eifersüchtig, weil sie wie ein Junge aussieht und sich auch die meiste Zeit so verhält.

Und Henk, der scheint was auszubrüten. Sein Account liegt brach, er geht mir in der Schule aus dem Weg, überhaupt ist es um ihn herum so wahnsinnig still geworden, dass ich echt misstrauisch bin ...

Und meine Zukunft als Astrophysiker kann ich abschreiben. Was soll ich denn machen, ohne Tannenbaum? Ich kapiere die Sachen echt nur, wenn er sie mir erklärt. Das haben zwanzigtausend Lehrer vor ihm nicht geschafft.

Und der Jason-Gedenkaccount hat jetzt siebzigtausend Follower. ☹

Wenn rauskommt, dass ich dahinterstecke, bin ich am Arsch.

★ Sonntag, 18.9., 12:27 Uhr

Oh, Arthur mailt gerade, in zwei Wochen ist eine Star Trek Convention in der Stadt, wie geil ist das? Er hat schon mal Karten für uns alle besorgt. Sogar eine für Piesel. Er bekommt die Karten umsonst, weil sein Vater das Catering da macht.

Meine Eltern haben sich total aufgeregt, als ich von Tannenbaum erzählt habe.

»Und da ist wirklich nichts mehr zu machen?«, fragt Papa. »Er hat schon alle Rechtsmittel ausgeschöpft?«

»Äh, also, er hat schon mit einem Anwalt gesprochen, wenn du das meinst«, sage ich.

»Die können doch alle nix«, sagt Mama.

»Lass dir dein Buch von ihm signieren, bevor er umzieht«, sagt Papa. »Wann hat man mal eine solche Gelegenheit.«

»Die Frau will ihn doch nicht wegen Eigenbedarf da raushaben«, sagt Mama. »Die will bestimmt ein Mehrfamilienhaus draus machen, damit sie mehr Miete kassieren kann. Oder sie will es abreißen und einen architektonisch fragwürdigen Mehrfamilienschuppen hinstellen, so mit Tiefgaragenplätzen und Pool im Garten. Groß genug ist der Garten ja. Um was wetten wir?«

»Wo soll denn der Herr Tannenbaum jetzt hin?«, frage ich. »Er hat doch so viele Möbel und Bücher und alles, und er sagt, er will nichts davon wegwerfen, weil es ihn erinnert. Oder so ähnlich.«

»Man kann ganz günstig einlagern«, sagt Papa. »Self-Storage. Machen alle, die keinen Keller haben. Oder nicht genug Platz im Keller.«

»An seiner Stelle würde ich in dem Haus bleiben«, sagt Mama.

»Das geht doch nicht«, sage ich. »Hast du mir nicht zugehört? Sie wirft ihn raus.«

»Ach, das soll sie erst mal versuchen.«

»Sie hat ihm doch gekündigt!«, sage ich.

»Und wenn er *nicht* auszieht?«, sagt Mama.

»Keine Ahnung. Dann holt sie die Polizei?«

»Und was sollen die machen, ihn raustragen?«

Ich zucke die Schultern. »Ja, oder?«

»Soll er halt die Tür nicht aufmachen. Dann geht die Sache vor Gericht, das zieht sich monatelang hin, und wer weiß, was bis dahin ist.«

Ich wundere mich mal wieder über meine Mutter. »Meinst du nicht, dass sie die Tür eintreten und das alles?«

»Edvard, weißt du, bei wie vielen Hausbesetzungen dein Vater und ich dabei waren, als wir noch studiert haben? Bis da irgendjemand die Tür eintritt und alle rausträgt, das kann dauern.«

»Ihr habt Häuser besetzt?« Immer wieder für Überraschungen gut, die beiden.

»Deine Mutter hat ganz großartige Plakate gestaltet«, sagt Papa. »Mit griffigen Sprüchen, warum wir ein Haus besetzt haben.«

»Und warum habt ihr Häuser besetzt?«, frage ich. In meinem Kopf rattert es natürlich längst.

»Die Besitzer wollten die alten Gebäude luxussanieren, damit sie mehr Miete bekommen, und die Leute, die drin wohnten, hätten sich danach die eigene Wohnung nicht mehr leisten können. Oder die Häuser sollten abgerissen und durch etwas Größeres ersetzt werden. Es geht nur ums Geld.« Mama stemmt die Hände in die Hüften.

Ein Zeichen dafür, dass gleich ein Vortrag kommt. Ein langer. Papa und ich machen es uns dann normalerweise gemütlich und stellen auf Durchzug. Nur, ich stelle diesmal nicht auf Durchzug. Ausnahmsweise höre ich ganz genau zu. Und dann beschließe ich, meine Computerzeit heimlich zu überziehen, weil ich mich mal im Detail über Hausbesetzungen informieren muss.

Meine Eltern werden das Bettlaken bestimmt nicht vermissen, so viele, wie wir haben. Ich habe Piesel angerufen. Er ist mit einer von den Sprühflaschen rübergekommen, mit denen sein Bruder immer so Zeugs wie »Lehrer raus – die Schule gehört uns!« auf den Schulhof schmiert.

Jetzt sprühen wir »DIESES HAUS IST BESETZT« auf das Laken und hängen es Herrn Tannenbaum an den Balkon. Leider sieht Piesels H ein bisschen wie ein M aus, aber ich denke, so im Kontext wird schon klar, was gemeint ist. Jedenfalls, Herr Tannenbaum steht daneben und sieht zu und ist ganz schrecklich gerührt. Ich glaube, er weint sogar ein bisschen. Und dann sagt er: »Jungs, was haltet ihr von Kartoffelsalat mit Würstchen, so als Hausbesetzungseinweihungsessen?«

Wir rufen schnell noch Arthur und Karli an, und natürlich taucht auch Dinesh auf, sogar vor den anderen.

Kurz darauf kommt meine Mama, die sofort geblickt hat, was los ist. Sie hat Schlafsäcke, Isomatten und Decken dabei.

»Wenn schon, dann richtig«, sagt sie, und Herr Tannenbaum ist ein bisschen überrascht. Vor allem, als sie sagt, sie würde mitmachen und auch hier schlafen. Als ich nach Papa frage, nuschelt sie nur was von »verintellektualisierter Kulturbetriebsspießer«. Und macht dazu ein Gesicht, das ich schon kenne. Es bedeutet: »Frag einfach nicht.«

Jasons Gedenkaccount hat jetzt schon achtzigtausend Follower.

Mama hat gesagt, sie hält die Stellung, während wir in der Schule sind. Das hat sie auch. Vielleicht hat sie dabei ein bisschen übertrieben, jedenfalls hingen aus jedem einzelnen Fenster Bettlaken mit Sprüchen, als ich mit Karli, Piesel, Arthur und Dinesh aus der Schule kam. (Alle dürfen übrigens bei Herrn Tannenbaum übernachten, außer Dinesh, der muss jeden Abend um neun zu Hause sein. Eigentlich schon um acht, aber er konnte seine Eltern von der guten Sache überzeugen und hat deshalb eine Extrastunde bekommen. Ich will gar nicht wissen, wie die sich zu Hause unterhalten, aber er hat ihnen wohl so was gesagt wie: »Das ist ein für meine persönliche wie auch politische Entwicklung wichtiger Feldversuch, eine Erfahrung, die sich nicht ohne Weiteres replizieren lässt. Deshalb wäre ich sehr dankbar, wenn ich daran so umfassend wie möglich teilhaben könnte.« Wahrscheinlich sagt er noch »Sie« zu seinen Eltern!?) Jedenfalls, die Bettlaken hat Mama alle mit Sprüchen vollgesprüht: »EIN HAUS GEHÖRT DEM, DER DRIN WOHNT«, »KAPITALISMUS MACHT OBDACHLOS«, »BESETZEN STATT BESITZEN« und »WIR BLEIBEN! RÄUMUNG = KRAWALLE!«.

Vor letzterem steht sie gerade – sie hat es erst mal nur aus einem der hinteren Fenster im Erdgeschoss gehängt – und kratzt sich am Kopf: »Vielleicht geht das ein bisschen zu weit«, meint sie.

»Warum?«, frage ich.

»Na, ihr seid alle noch nicht volljährig. Ich will euch ja nicht auf dumme Gedanken bringen.« Sie nimmt das Laken ab und dreht es um. Dann sprüht sie ein großes A drauf und macht einen Kreis drum herum.

»Wow, Anarchie«, sage ich. »Das kennst du?«

»Ich hab's erfunden«, behauptet sie. Sie zeigt auf das Laken. »Sieht ein bisschen leer aus.«

»Schreib doch irgendwas mit TANNENBAUM, dann kannst du gleich um zwei As einen Kreis machen«, sage ich, und sie macht es und sagt: »Edvard, das hast du von mir. Wir sollten besser mal alle Steine vor dir verstecken.«

»Steine?«, frage ich.

»Weißt du, als wir früher ... Vergiss es«, sagt sie.

Als wir in der Schule waren, erfahre ich später von Tannenbaum, kam wohl ein Umzugswagen vorbei, der seine Sachen abholen sollte. Aber als die Leute vom Umzugsunternehmen die Bettlaken gesehen haben (und natürlich Mama, die in der Tür stand und sehr böse geschaut hat, wie nur sie böse schauen kann), haben sie Gas gegeben und sind weitergefahren.

Mama sagt, dass sie morgen wieder in die Galerie muss, und zeigt mir eine Krankmeldung für die Schule.

»Die bringe ich morgen früh bei deiner Klassenlehrerin vorbei«, sagt sie.

Ich fasse es nicht, ich darf eine Woche lang bei Tannenbaum wohnen und muss nicht mal in die Schule, nur sein Haus besetzen! Wenn ich schon früher gewusst hätte, dass Häuser besetzen ein echt cooler Job ist! Krass. Weiß gar nicht, warum sich alle immer so darüber aufregen, wenn irgendwo Häuser besetzt werden. Ist doch nichts bei.

Piesels Bruder Ratte ist mit zwei Kumpels vorbeigekommen. Sie sagen, sie machen blau, und hätten gehört, dass man hier cool abhängen kann. Ich sitze gerade mit Herrn Tannenbaum in dem Zimmer mit den vielen Büchern. Er zeigt mir alte Sternkarten. Herr Tannenbaum macht erst ganz große Augen, weil sie noch viel härter aussehen als Piesel, und auch, weil es ja mehr als nur ein Piesel ist. Sie sind alle schon siebzehn und haben lustige Haare und Lederjacken und kaputte Jeans und na ja, sie sehen eben wie Punks aus. Piesels Bruder Ratte hat auch eine Ratte dabei, die ist aber ganz zahm und hört sogar drauf, wenn man sie ruft. Hat Piesel jedenfalls erzählt.

»Warum macht ihr denn blau?«, fragt Herr Tannenbaum.

»Mathe«, sagt Ratte und verdreht die Augen. »Können wir hier drin rauchen?«

»Balkon«, sagt Tannenbaum und beschreibt den Weg.

Pudel geht ihnen nach.

Eine halbe Stunde später sind wir mit der Nachhilfe fertig. (Eigentlich war der letzte Teil gar keine Nachhilfe, wir haben schon den ganzen Morgen Chemie und Mathe und Physik gemacht, und die letzte Stunde war ein bisschen Astronomie, nur für mich, nicht für die Schule.) Ich gehe auf die gegenüberliegende Straßenseite und mache mit dem Handy ein Foto von Tannenbaums Haus. Vielleicht darf ich doch mal einen Artikel für die Schülerzeitung schreiben, obwohl Henks Cousin da mitmacht. Dann hätte ich gleich ein Thema und sogar ein Bild. Das Foto wird sogar richtig gut, alle Bettlaken sind zu sehen, und Ratte und Co. machen sich prima auf dem Balkon. Als sie sehen, dass ich Fotos mache, fangen sie gleich an zu posen. Ich mache zwanzig Bilder davon. Auf ein paar ist zu sehen, wie sie Pudel über das Geländer halten, so wie Michael Jackson sein Kind, als es noch ein Baby war (und er noch gelebt hat, logisch).

Frau Hermsdorf, die in dem Haus wohnt, vor dem ich gerade stehe, kommt an den Gartenzaun und sagt: »Edvard, sag mal, was ist denn bei dem komischen Mann da drüben los? Ist er überfallen worden?«

Ich sage: »Nee, die helfen nur mit, das Haus zu besetzen, damit er nicht wegziehen muss.«

»Aber warum muss er denn wegziehen?«, fragt die neugierige alte Wachtel. (Papa nennt sie immer so.)

»Fragen Sie ihn doch mal«, sage ich, weil ich keine Lust auf sie habe.

»Das geht doch nicht mit rechten Dingen zu, diese Vandalen da!«, ruft sie empört. Ratte und die beiden anderen haben sie jetzt nämlich entdeckt und pöbeln rum. Wir hören nicht genau, was sie rufen, aber Frau Hermsdorf reicht das schon. Außerdem pfeift einer die ganze Zeit, und das findet sie gar nicht lustig.

»Also, ich rufe jetzt die Polizei!«, schreit sie mit geballten Fäusten. »Jawohl, die Polizei!« Dann geht sie zurück ins Haus. Ratte und seine Freunde biegen sich vor Lachen und brüllen: »Die Bullen kommen! Die Bullen kommen!«

Ich gehe zu Tannenbaum, der gerade Mittagessen kocht. Er macht einen riesigen Topf Linsensuppe und sagt: »Wir müssen nachher einkaufen gehen, ich bin gar nicht darauf eingestellt, so viel Besuch zu haben.« Er strahlt, als er das sagt, und macht einen ganz glücklichen Eindruck. Und ich dachte immer, er ist so ein Eigenbrötler, der mit keinem was zu tun haben will. Das sage ich ihm auch.

»Weißt du, Edvard, manchmal hat man selbst keine Ahnung, was einem guttut und was nicht«, sagt er nur. Dann ruft er nach Ratte und bittet ihn, im nächsten Supermarkt einzukaufen: Belegte Brötchen für zwanzig Leute.

»Wer weiß, wer noch alles kommt«, sagt Tannenbaum fröhlich. Ratte will gerade verschwinden, als er ihn zurückruft und schnell eine ganz lange Liste mit Sachen aufschreibt.

»So viel?«, fragt Ratte.

Tannenbaum zuckt mit den Schultern. »Ihr bleibt doch noch eine Weile?«

»Öh, klar, wenn wir dürfen ...« Er klingt sogar ein bisschen schüchtern.

»Nimm ruhig deine Kumpels mit, Edvard und ich, wir schaffen es schon, das Haus zu besetzen.« Tannenbaum gibt ihm Geld, und Ratte zischt mit seinen Freunden ab.

Ich helfe beim Tischdecken. Gleich kommen Dinesh, Arthur und Karli. Und Piesel.

★ Dienstag, 20.9., 16:11 Uhr

Die neugierige alte Wachtel, also Frau Hermsdorf, hat offenbar
wirklich die Polizei gerufen. Ein paar Mal ist schon ein Streifen-
wagen am Haus vorbeigefahren, aber niemand ist zu uns rein-
gekommen.

Ich muss etwas tun. Der Gedenkaccount von Jason hat über Nacht noch mal doppelt so viele Follower bekommen. Ich habe keine Ahnung, wie das passieren konnte. Über einhundertfünfzigtausend Leute haben Likes und Kommentare hinterlassen und regen sich total auf, dass ein netter Kerl wie Jason (ha ha, netter Kerl, hallo?!), der ja sein Leben noch vor sich hatte (welches Leben, ey?), einem so schlimmen Kunstfehler zum Opfer gefallen ist. Sie wollen alle weiterhin wissen, welches Krankenhaus das verbockt hat und wo Jason beerdigt wird, damit sie an sein Grab pilgern können. Außerdem habe ich (also James) ganz viele Nachrichten von Anwälten bekommen, die anbieten, die Sache ohne Kosten für die Familie zu übernehmen. Lauter Journalisten haben ihre Kommentare abgegeben.

Constanze hat auch ungefähr tausend Mal geschrieben. Wie sehr sie Jason vermisst, und ob James ihr nicht ein Andenken schicken kann.

Vielleicht schicke ich ihr etwas von mir und sage, es wäre von Jason …

Jedenfalls, ich muss irgendwas tun. (Also, James. Irgendwas muss James tun. Scheiße, ich komme schon ganz durcheinander.)

Ich denke gerade, wenn ich eine Woche nicht in die Schule gehe, sehe ich auch eine Woche Constanze nicht. Wenigstens kann ich online immer sehen, was sie macht. Das ist fast genauso wie Constanze in echt sehen. Sie spricht in echt ja sowieso nicht mit mir.

Ich könnte Constanze schreiben. Also, James könnte Constanze schreiben. Dann antwortet sie, und es ist ein bisschen so, als würde sie mir antworten. Obwohl sie James antwortet. Aber den gibt es ja nicht, deshalb antwortet sie mir. Was sie nicht weiß. Wenn sie es nämlich wüsste, würde sie nicht antworten. Also James. Also, wenn sie wüsste, dass ich James bin, würde sie James nicht antworten, weil sie ja wüsste, dass ich James bin.

Genau.

Ich schreibe ihr jetzt einfach mal.

Aber was?

Bösen Fehler gemacht.

Piesel hat seinen Bruder Ralf genannt, was der gar nicht lustig fand, und dann hat Ralf, also Ratte, seinen Bruder, also Piesel, Peter genannt. Ich wusste gar nicht, dass Piesel Peter heißt. Sogar die Lehrer nennen ihn Piesel.

Komische Vorstellung, dass Piesel und Ratte normale Namen haben. Ich versuche die ganze Zeit, sie mir vorzustellen, wie sie mal ganz normale kleine Jungs waren mit ganz normalen Haaren, aber irgendwie klappt das nicht. Noch nicht mal, wenn ich sie Peter und Ralf nenne.

Jedenfalls, weil ich die beiden in Gedanken ständig Peter und Ralf genannt habe, hab ich sie irgendwann auch so angesprochen. Das war beim Abendessen. (Herr Tannenbaum hat Pizza für uns alle gemacht – also wirklich gemacht, mit Teig selber backen und so.) Meine Eltern waren da (beide), die von Dinesh auch, weil sie ihn abholen wollten, haben sie gesagt. In Wirklichkeit wollten sie natürlich nur nachschauen, wie es hier ist. Dinesh war das alles wahnsinnig peinlich, er ist knallrot geworden. Arthurs Eltern interessieren sich nicht so für das, was Arthur macht, er sagt immer, sie merken wahrscheinlich nicht mal, dass einer von ihren Söhnen fehlt. Ich überlege gerade, ob Peter und Ralf überhaupt Eltern haben. Klar, müssen sie ja, aber – vielleicht sind ihre Eltern wie sie, oder sie sind vor ein paar Jahren gestorben, und Ralf und Peter müssen alleine zurechtkommen, oder was weiß denn ich, irgendwas halt. Eltern kann ich mir bei den beiden genauso wenig vorstellen, wie dass sie mal normale kleine Jungs waren.

Wo war ich? Ach, genau. Beim Abendessen. Karli hab ich noch gar nicht erwähnt. Ihre Eltern, sagt sie, sind auf Geschäftsreise, deshalb wohnt sie bei ihrer Tante, und die findet es okay, dass sie hier bei Herrn Tannenbaum ist. Wir essen also, und ich sage zu Piesel: »Du, Peter, gib mir mal das Ketchup, wenn Ralf damit fertig ist.«

Der Fehler meines Lebens. Mich hat (außer natürlich meiner Mutter) noch nie jemand so böse angeschaut wie die beiden. Nicht mal Constanze, als ich sie gefragt habe, warum sie mich geblockt hat.

»Warum heißt du eigentlich Edvard?«, fragt mich Ratte, als wir uns mit Nachtisch und ohne Erwachsene ins Wohnzimmer verziehen. »Ich meine, Edvard, was ist das denn für ein scheiß Name. Wenn deine Alten das wenigstens mit w statt mit v geschrieben hätten, würdest du wie so'n englischer Prinz heißen. Aber Edvard?« Er lässt es wie Ed-fart klingen und rollt das r wie ein Amerikaner. Dann macht er Furzgeräusche und lacht, und seine zwei Kumpels, die übrigens Noffi und Kugel heißen, lachen mit.

»Edvard mit v«, sagt Karli laut und deutlich, »ist der Name berühmter Künstler. Edvard Munch, zum Beispiel. Der Maler. Oder Edvard Grieg, der Komponist. Aber das sagt euch natürlich nichts.« Sie hebt eine Augenbraue, starrt Ratte nieder und isst weiter. Ich habe ein bisschen Angst, dass sie wieder so eine Sache macht wie letztens mit Henk und ich dann hinterher den Ärger kriege.

»Sag ich doch, uncool«, sagt Ratte irgendwann, aber er sagt es ganz leise. Ich hoffe noch, dass Karli es nicht gehört hat. Hat sie aber.

»Mit vollem Namen heißt er Edvard Gregory Walter de

Vigny. Und jetzt ratet mal, ihr Spitzenhirnis, woher Gregory Walter kommt.«

Kugel und Noffi haben wohl etwas falsch verstanden, sie raten mit, als wären sie bei einer scheiß Gameshow.

»Auch so ein Maler?«

»Nee, vielleicht Politik?«

»Sport? Musik? Literatur?«

»Gib mal nen Tipp!«

Karli sagt: »Musik war schon etwas wärmer.«

Noffi schreit: »Rock 'n' Roll! Rockabilly! Blues! Jazz! Sag stopp, wenn ich's hab!«

»Weiter, weiter«, sagt Karli.

»Heavy Metal! Glam Rock! R&B! Pop! Musical! Oper!«, schreien Noffi und Kugel durcheinander. Ratte und Piesel greifen sich an die Köpfe.

Karli hilft ein bisschen, aber es dauert eeewig, bis jemand »Sänger von Bad Religion!«, ruft.

Und dann haben sie auch schon wieder vergessen, warum sie ihn erraten sollten. Karli sagt es ihnen. Und seitdem singen sie immer 21st Century Digital Boy von Bad Religion, wenn sie mich sehen! Mehrstimmig!!!

Zum Glück muss ich nicht mit denen in einem Zimmer schlafen. Sie übernachten nämlich auch hier.

Das Haus ist ja echt groß, es gibt ein Zimmer für Arthur und mich, eins für Karli, und Piesel pennt mit seinem Bruder und den anderen im Wohnzimmer.

★ Mittwoch, 21.9., 10:00 Uhr

Habe Constanze geschrieben:

»Liebe Constanze, danke für deine vielen Nachrichten. Entschuldige, dass ich nicht schon früher geantwortet habe, aber es war eine anstrengende Zeit, und es gab viel zu tun. Natürlich habe ich oft an dich gedacht.« (Ich war mir mit diesem Satz nicht so ganz sicher, aber dann hab ich ihn doch dringelassen, weil ich dachte, ein bisschen was muss ja auch wahr sein.) »Wir haben uns im engsten Kreis von Jason verabschiedet und werden noch sehr lange sehr traurig sein. Ich bin beeindruckt von den vielen Menschen, die ihn dank deines Gedenkaccounts in Erinnerung halten werden. Aber du musst wissen, dass wir uns an den Ärzten nicht rächen wollen. Sie haben sicherlich ihr Bestes gegeben. Wir haben ihnen verziehen. Ich danke dir für deine Freundschaft! Dein James.«

Sie hat es zwei Minuten später kopiert und auf die Seite gestellt. So viel zum Thema »Privatnachricht«. Aber vielleicht hört das Theater jetzt endlich auf, wenn alle wissen, dass Jasons Familie da entspannt ist.

Warum hat sie eigentlich im Unterricht Zeit, ihre Nachrichten zu lesen? Wenn ich ihr im Chat geschrieben habe, hat sie das nie gleich gelesen!

Ratte, Noffi und Kugel sitzen mit Tannenbaum in der Küche und reden über Polynomfunktionen (?), als hätten sie sonst nichts zu tun.

★ Mittwoch, 21.9., 11:38 Uhr

Die Polizei ist da! Sie reden mit Tannenbaum. Er lässt sie nicht ins Haus, sie stehen draußen im Garten.

Tannenbaum hat den Bullen die Tür vor der Nase zugeknallt. Ratte, Noffi und Kugel stehen auf dem Balkon und applaudieren. Die Bullen sehen ziemlich angepisst aus. 😌

Jason hat jetzt über zweihunderttausend Follower.

OMG! Ich kann nie wieder – NIE WIEDER! – aus dem Haus gehen. Eigentlich kann ich nie wieder aus diesem Zimmer. Vielleicht schließe ich mich im Bad ein und warte, bis ich verhun-
gert bin oder so. Es ist etwas TOTAL SCHRECKLICHES passiert!
Ich traue mich gar nicht, es aufzuschreiben.

Ich habe extra sämtliche Passwörter für alle meine Geräte
und meine Accounts geändert, damit sie unmöglich zu hacken
sind.

Ich trau mich trotzdem nicht.

Vielleicht ist es doch keine schlechte Idee, Sachen mit der
Hand zu schreiben. Obwohl, dann findet das jemand und kann
es noch leichter lesen als ein dreifach gesichertes Dokument mit
hochkomplizierten Passwörtern.

Ich könnte den Chaos Computer Club anmailen und fragen,
ob sie mal versuchen wollen, meinen Computer zu hacken, dann
weiß ich wenigstens, ob er sicher ist. Aber wenn sie ihn dann
gehackt haben, können sie es ja auch lesen ... Das ist mir zu unsicher.

Okay. Mein Computer wurde noch nie gehackt. Ich glaube
einfach mal dran, dass er das so schnell auch nicht wird. Gut.
Von vorne.

Heute Abend: Meine Eltern kommen zum Essen rüber und
haben – Achtung! – die Klassenlehrerin Frau Kaygalak im
Schlepptau. Ich denke, ich falle tot um. Ich meine, alle anderen
sind jeden Tag in der Schule, aber ich habe eine Entschuldigung von meiner Mutter, und jetzt kommt Frau Kaygalak und
sieht, dass ich gar nicht krank bin!? Geht's noch? Mama meint

dann aber, es sei in Ordnung, sie hätte mit Frau Kaygalak über alles gesprochen und ihr die Lage erklärt. Und Frau Kaygalak wäre von meinem »sozialen Engagement« sehr beeindruckt.

»Außerdem bekommt der Junge ja Heimunterricht«, sagt Tannenbaum zu ihr. »Ich unterrichte ihn in allen Fächern.« Und nuschelt so leise, dass nur ich es hören kann: »Na ja, fast.«

Frau Kaygalak macht große Augen. »Und wie schlägt er sich so? Er schwächelt ja etwas in den Naturwissenschaften.«

Tannenbaum lächelt milde. »Physik ist sein Lieblingsfach. Und in allen anderen Fächern kann er locker mithalten, glauben Sie mir.«

»Er ist *der* Tannenbaum«, raunt Mama Frau Kaygalak zu.

»Welcher Tannenbaum?«, fragt Frau Kaygalak.

Mama greift sich eins der Bücher, die Tannenbaum geschrieben hat (sie stehen in einem Extraregal) und hält es meiner Lehrerin unter die Nase. »Lesen Sie das hier. ›Über den Autor‹.«

»Oh ...«, sagt Frau Kaygalak. »Oh ...« Sie grinst Tannenbaum nervös an. »Herr Professor Doktor Tannenbaum, wie schön, Sie kennenzulernen ...« Sie klingt ganz piepsig, und sie wird sogar rot, und zwar komplett, sogar am Hals und an den Ohren.

Tannenbaum winkt ab. »Hauptsache, dem Jungen macht es Spaß.«

Frau Kaygalak lächelt mich an. »Edvard, wenn das so ist, dann weiß ich dich in guten Händen, und ich denke, wir können ein Auge zudrücken, dass deine Mutter ... sagen wir mal ... ein bisschen geschwindelt hat! Aber sagen Sie, Frau de Vigny, wie soll es denn hier weitergehen? Ich meine, bei allem Verständnis für diese wunderbare Aktion, irgendwann muss Edvard wieder in die Schule ... oder?« Sie schaut unsicher von Mama zu Tannenbaum und wieder zurück.

Tannenbaum sagt: »Es muss sehr bald eine Entscheidung fallen. Ich habe heute mit meiner Vermieterin telefoniert, und sie meinte, entweder ich ziehe freiwillig bis Ende des Monats aus, oder sie lässt mich raustragen. Ich sagte: ›Gut, dann tragen Sie mich eben raus.‹ Und sie meinte: ›Eine Alternative gibt es noch, Sie können mir die Bruchbude auch abkaufen.‹«

Mama und Frau Kaygalak strahlen. Sogar Papa, der sich aus allem rausgehalten und stur sein Abendessen geschaufelt hat (heute: Spaghetti mit Tomatensoße und viel Parmesan), schaut auf und macht ein ganz gespanntes Gesicht.

»Und?«, sagen sie alle im Chor.

»Und was?«, sagt Tannenbaum.

»Na, kaufen Sie ihr das Haus ab?«, ruft Papa und lässt Soße auf sein Hemd tropfen.

»Deshalb sage ich dir jeden Tag: Zieh dich um, wenn du von der Arbeit kommst!« Mama verdreht die Augen, und jetzt wird Papa rot. Und ich dachte, das mit dem Rotwerden hört auf, wenn man erwachsen ist, aber wie man sieht, werden die Erwachsenen auch ständig rot.

»Ich kann es ihr nicht abkaufen, sie will eine Million haben!«, sagt Tannenbaum.

»Eine Million!«, sagen meine Eltern und Frau Kaygalak wieder im Chor. Papa kleckert weiter, diesmal Rotwein auf die Tischdecke.

»Die bekomme ich garantiert nicht zusammen«, sagt Tannenbaum leise. »Schon gar nicht bis Monatsende. Früher oder später muss ich also hier raus.«

»Dann zeigen wir ihr eben, dass Sie ein verdammtes Recht

darauf haben, hier zu wohnen! Wie man's Ihnen versprochen hat!«, höre ich mich sagen, und ich habe keine Ahnung, wie ich auf so was komme. Habe ich das wirklich gesagt?

Mama strahlt. »*Das* ist mein Sohn!«

Papa schaut nicht ganz so begeistert, sagt aber nichts. Vielleicht, weil Mama ihm die Hand auf die Schulter gelegt hat und fest zudrückt.

Frau Kaygalak zupft an ihrer Unterlippe herum. Das macht sie immer, wenn sie nachdenkt. »Und was passiert jetzt am Monatsende?«

Tannenbaum zuckt die Schultern. »Wenn ich nicht freiwillig das Haus verlasse, räumt es die Polizei.«

»Wie im Fernsehen?«, ruft meine Lehrerin.

»Wie damals?«, ruft Mama und strahlt Papa an. Aber Papa wischt gerade an den Flecken auf seinem Hemd rum.

»Was ist, wenn richtig, richtig viele Leute im Haus sind?«, frage ich.

Alle schauen mich an. Jetzt bin ich mit Rotwerden an der Reihe. »Ich meine ja nur. Wenn das Haus ganz voll ist. Die denken doch, dass nur der Herr Tannenbaum hier wohnt. Aber wenn lauter Jugendliche bei ihm sind?«

»Nein«, sagt Tannenbaum. »Ihr müsst bis dahin verschwinden. Wir haben es versucht. Das Beste, was ihr tun könnt, ist, mir beim Packen zu helfen. Ich muss dann wohl aufgeben.«

»Nichts da«, sage ich. »Frau Kaygalak, wie wäre es, wenn die ganze Klasse einen Schulausflug zu dem berühmten Professor Tannenbaum macht? Ausgerechnet an dem Tag, an dem geräumt werden soll?«

Und ich dachte schon, ich hätte gerade einen guten Lauf. Während meine Freunde mit leuchtenden Augen die Gabeln auf dem Weg zum Mund in der Luft schweben lassen und mir eifrig zunicken, machen die Erwachsenen lange Gesichter.

»Das geht nicht, Edvard«, sagt Mama und klingt wie diese verständnisvollen Fernsehmütter. Ihr Strahlen ist verschwunden. »Das ist viel zu gefährlich. Wir haben als Eltern die Verantwortung für euch, und so etwas dürfen wir auf keinen Fall zulassen.«

»Aber jetzt bin ich doch auch hier!«

»Jetzt steht aber nicht das Mobile Einsatzkommando vor der Tür«, seufzt Mama und schaut so traurig wie ein Dackel. Ganz ehrlich, ich kann schon die Filmmusik hören. Streicher und alles. Fehlt nur noch, dass sie gleich eine Träne rausquetscht und mich umarmt.

»Das meinst du jetzt nicht ernst?«, frage ich vorsichtig. Aber ich kenne die Antwort schon. Außerdem macht Mama keine Witze. Jedenfalls protestiere ich lautstark, die anderen brüllen mit. Ich schreie rum, dass mich die Bullen auch raustragen müssen, weil ich einfach hierbleibe und mich an der Heizung festkette, irgendwann schreien alle rum, bis Herr Tannenbaum mit der Faust auf den Tisch haut und ruft: »Ruhe! Das ist immer noch meine Angelegenheit, und ich entscheide, wer sich hier mit mir zusammen von der Polizei raustragen lässt und wer nicht!«

Alle sind still, und ich schäme mich auch ein bisschen. Gleich nach dem Essen verziehen sich schnell alle, die hier nicht übernachten. Dinesh druckst ein bisschen rum, weil er ausgerechnet heute die Erlaubnis von seinen Eltern bekommen hat, hierzubleiben, und jetzt nicht weiß, ob er wirklich bleiben soll, aber Herr Tannenbaum ist wieder ganz entspannt und sagt ihm, dass es schon okay ist, und vielleicht will Dinesh ja zur Beruhigung eine Runde mit Pudel drehen, der muss vor der Nacht noch mal raus. Arthur geht mit, weil er rauchen üben will, und Ratte und seine Kumpels verziehen sich mit einem Kasten Bier hinters Gartenhäuschen.

Tannenbaum sagt, er fängt schon mal an, ein paar Kisten zu packen, aber er will nicht, dass wir ihm helfen. Bleiben also nur noch Karli und ich.

»Na, dann zeig mal, was du schon alles beim Professor gelernt hast«, sagt sie.

»Was soll ich dir denn da zeigen?«, frage ich. Es passt mir gar nicht, mit Karli alleine zu sein. Sie macht mich total nervös, weil sie immer alles besser zu wissen scheint, und wenn sie mal was nicht besser weiß, dann bleibt sie immer noch cool dabei.

»Sterne, zum Beispiel«, sagt Karli.

»Geh raus und schau in den Himmel, dann siehst du Sterne, dazu brauchst du mich nicht.«

»Haste doch nichts bei ihm gelernt?« Sie packt mich und zieht mich nach oben auf den Balkon.

»Astrophysik hat nichts damit zu tun, Sternbilder zu bestimmen«, versuche ich mich rauszureden. »Und mit Sternzeichen und Horoskopen, nur zu deiner Information, hat Astrophysik auch nichts zu tun.«

»Ist mir egal. Was ist das da?«

Ich habe keine Ahnung, wo sie hinzeigt. Also fange ich einfach mal an und erkläre ihr die Milchstraße und den Großen Bären und den Kleinen Bären. Danach Perseus.

»Klingt griechisch«, sagt Karli.

»Äh ja, viele Sternbilder haben ihre Namen aus der Mythologie ... Also, Perseus war der Sohn von Zeus und Danaë, und er hat die schöne Andromeda gerettet. Sie ist die Tochter von

Kassiopeia, ein bisschen weiter links, siehst du? Da ist Kassiopeia. Und, äh, Andromeda ist auch irgendwo ... äh ...«

Sie kommt immer näher, während ich rede. Ich gehe jedes Mal einen Schritt zurück, weil ich denke, ich stehe ihr im Weg, aber dann hat sie mich in die Ecke vom Balkongeländer gequetscht, und ich weiß nicht mehr, wohin ich mich noch verdrücken soll.

»Das, äh, ist aber jetzt ein bisschen eng«, sage ich.

»Hab ich gar nicht gemerkt«, sagt Karli und zeigt wieder irgendwohin. »Und was ist das?«

»Ich habe keine Ahnung, wo du hinzeigst.« Irgendwie bin ich ganz nervös, und das macht mir schlechte Laune. Ich versuche, mich zu verdrücken.

»Mir ist aber kalt«, sagt Karli und klingt ein bisschen netter, nicht wie sonst. »Erzähl mir, was Rote Zwerge sind. Oder zeig mir mal einen.« Dann legt sie mir ihren Kopf auf die Schulter. Ich erschrecke so sehr, dass ich ihr wahrscheinlich fast den Hals verrenke.

»Au!«, sagt sie.

»Tschuldigung«, sage ich.

»Was ist denn los mit dir?«

»Nichts«, sage ich. Stimmt ja auch. Ich war nur erschrocken. »Also, äh, Rote Zwerge, die kannst du gar nicht sehen, da muss man schon ... äh ... die sind außerdem ...« Ich habe alles vergessen, was ich jemals über Rote Zwerge wusste. Und ich wusste eigentlich eine Menge über Rote Zwerge.

»Ich denke, du brauchst Hilfe«, sagt sie.

»Was? Nein, nein, ich weiß wirklich, was Rote Zwerge sind. Nur im Moment, äh, also bestimmt fällt mir das wieder ein, wenn ...«

»Das meine ich nicht.«

»Ach so! Wegen Tannenbaum! Klar, wenn du zufällig eine Million hast, dann her damit.«

»Hilfe mit Constanze.«

Ich reiße die Augen auf. Sie auch, aber irgendwie anders.

Warum fällt mir jetzt erst auf, dass sie fast so groß ist wie ich? Für ein Mädchen ist sie echt ziemlich groß.

»Wie meinst du das, mit Constanze?«

»Da hatten wir doch mal drüber gesprochen. Als Tannenbaum angeboten hat, dir Nachhilfe zu geben. Und ich habe gesagt, ich helfe dir mit Constanze.«

Ich verstehe immer noch nicht. »Und wie willst du mir helfen? Sie zwingen, mit mir ins Kino zu gehen?«

Karli schüttelt den Kopf. »Das musst du schon selbst hinbekommen. Aber ich sage dir was, wenn du diese Aktion hier einigermaßen sauber über die Bühne bekommst ...«

»Tannenbaum hat uns quasi schon rausgeworfen! In ein paar Tagen sagt er bestimmt, dass wir unser Zeug packen und gehen sollen, damit wir weg sind, wenn die Bullen kommen.«

»Und? Wirst du gehen?«

Ja klar, will ich schon sagen, klar geh ich. Und dann kapiere ich: Warum sollte ich? Es ist ja gar nicht sein Haus.

Wir sind alle Hausbesetzer. Er genau wie wir. Großartige Idee. Ich bleibe.

»Ich bleibe«, sage ich ihr.

»Das wollte ich hören«, sagt Karli und fällt mir um den Hals. Ich kippe fast um vor Schreck, aber hinter mir ist das Balkongeländer. »Du erstickst mich«, keuche ich und versuche, Karli wegzuschieben, aber sie klammert sich nur noch fester.

»Es ist so schade«, sagt sie, »dass ich nicht einfach eine Million habe, die ich ihm geben könnte. Wenn wir mehr Zeit hätten, könnten wir für ihn sammeln oder so was.«

Endlich schaffe ich es, mich zu befreien, und jetzt sehe ich, dass sie kurz davor ist zu weinen.

»Der arme Herr Tannenbaum«, sagt sie und dreht den Kopf weg. Oh Mann, was macht man denn, wenn Mädchen anfangen zu heulen? Und dann auch noch Karli, die eigentlich gar nicht so richtig ein Mädchen ist. Also, natürlich ist sie ein Mädchen (denke ich), aber sie ist nicht so wie die anderen Mädchen. Ich tippe ihr auf die Schulter und sage: »Äh, alles okay?«

Sie nickt, dreht sich aber immer noch nicht zu mir um. »Zeig mir noch ein paar von deinen Sternen.«

Gut, da kenne ich mich aus, das kann ich. Also zeige ich ihr noch ein paar Sterne, und zum Glück fällt auch noch eine Sternschnuppe, und ich kann davon klugscheißen, dass normalerweise im August die meisten zu sehen sind.

»Vielleicht war das aber auch eine Raumkapsel, die es viel zu eilig hatte«, sage ich, um sie aufzumuntern. Es klappt wohl, Karli lacht jedenfalls.

»Sag mal, wegen Constanze«, sagt sie. »Was findest du denn so toll an ihr?«

Ich mache schon den Mund auf, um zu antworten, aber dann weiß ich gar nicht, was ich sagen soll. Ist das denn nicht offensichtlich? Constanze ist eben … Constanze.

»Na ja, sie ist total hübsch, zum Beispiel. Und total beliebt. Und total selbstbewusst. Und total gut in der Schule. So Sachen eben.«

»Hm«, sagt Karli. »Und du glaubst, dass du mit einem Mädchen zusammen sein willst, das total beliebt und hübsch und so was ist?«

Wollen? Natürlich *will* ich, hier geht's um können! »Das ist ja wohl klar«, sage ich.

»Ich weiß nicht. Ich würde das nicht wollen. Und auch nicht mit jemandem wie Henk«, sagt Karli.

»Ja, aber Henk ist auch blöd!«, sage ich.

»Er ist vielleicht nicht so gut in der Schule wie Constanze, aber ansonsten ist er das bei den Jungs, was Constanze bei den Mädchen ist.«

»Hm«, brumme ich schlecht gelaunt.

»Kannst du wenigstens gut küssen? Ich wette, Henk kann gar nicht gut küssen.«

»Äh, ist das denn so, äh, wichtig?« Ich werde rot, aber es ist dunkel genug, sodass man das nicht sehen kann. »Also, wer jetzt, äh, besser küsst. Ich fände es nicht so, äh, schlimm, wenn Constanze nicht so gut, also, küssen könnte. Das, äh, kommt doch mit der Zeit.«

Karli seufzt. »Du weißt aber nicht viel über Mädchen, was? Ein Junge kann total toll sein, aber wenn er nicht küssen kann, ist er sofort unten durch. Glaub mir.«

»Oh, äh, hast du denn schon, äh, viel, also, geküsst? Also, Jungs, meine ich?«

»Nicht nur Jungs«, sagt sie, und ich weiß nicht, was ich sagen soll. »Ich schlage vor, du übst das mal.«

»Wie, üben?«

»Na üben. Jemanden küssen.«

»Wen denn? Arthur?« Ich schüttele genervt den Kopf. »Nein, ich kann doch nicht einfach so jemand anderen küssen. Wenn es so weit ist, küsse ich Constanze.«

»Ohne Übung? Edvard, das würde ich mir noch mal gut überlegen. An meiner alten Schule gab es einen total tollen Jungen, er war in der Klasse über mir, und alle Mädchen waren total verknallt in ihn. Alle außer mir natürlich. Jedenfalls hat er sich in Marlene verliebt, die sah fast genauso aus wie Constanze. Überhaupt war sie Constanze ziemlich ähnlich. Die beiden trafen sich ein paar Mal, und dann war Schluss. Das Ganze hat nicht mal zwei Wochen gehalten. Ich hab Marlene gefragt, warum sie ihn abgeschossen hat, und sie sagte mir: ›Der Idiot hat geküsst wie ein nasser Schwamm. Und als ich ihm gesagt habe, er soll mal was anderes versuchen, hat er an meiner Zunge rumgesaugt wie an einem Strohhalm. Es war widerlich!‹ Tja. So viel zur großen Liebe.«

Ich schlucke. »Ist das denn so schwierig?«, frage ich.

»Du hast ja keine Ahnung, was man alles falsch machen kann.«

»Äh, was denn?«

Und dann sagt sie: »Pass mal auf. Ich zeig's dir.« Dreht sich zu mir um, packt meinen Kopf mit beiden Händen und – küsst mich. Ganz leicht auf die Lippen. Mein Herz schlägt wie wild, und ich habe das Gefühl, keine Luft mehr zu bekommen.

»Das … war jetzt aber nicht so schwer«, sage ich endlich, als ich wieder langsamer atmen kann.

»Das war auch erst der Anfang.« Jetzt küsst sie mich wieder und schiebt ihre Zunge zwischen meine Zähne. »Iiiiih«, schreie ich und stoße sie weg.

»Oh Mann«, sagt sie und klingt genervt, »wenn du das bei Constanze auch machst, wird das bestimmt ein voller Erfolg mit euch.«

Was soll ich sagen? Sie hat recht, oder? Also habe ich mit Karli küssen geübt. Sie hat noch gesagt, dass da gar nichts bei wäre, aber da hat sie mich angelogen. Oder vielleicht hat sie es auch nicht gewusst, aber ich habe einen Megaständer bekommen – von Karli! Und wenn ich jetzt daran denke, bekomme ich wieder einen!

Habe ich Constanze betrogen? Ich habe das Gefühl, dass ich sie betrogen habe. Dabei sind wir nicht mal zusammen.

Ich kann doch nie wieder irgendwo hingehen. Wenn ich sogar von Karli einen Ständer bekomme! Und wenn das rauskommt, dass ich mit Karli geknutscht habe ...

Vielleicht kümmere ich mich erst mal um dieses Problem. Nicht, dass Dinesh und Arthur gleich zurückkommen, und ich hab immer noch einen Ständer.

Arthur und Dinesh kamen gerade mit Pudel zurück, als ich fertig war.

»Hast du Schnupfen?«, fragt mich Dinesh, weil ich noch mit Taschentüchern rumhantiere. Arthur sieht ganz komisch aus. Dinesh erzählt mir dann, sie waren so lange weg, weil Arthur ganz viel rauchen wollte, sozusagen noch ein paar Kippen auf Vorrat, um es richtig zu üben. Und dann musste er ganz schlimm kotzen, und es hat ewig gedauert, bis er wieder halbwegs laufen konnte und nicht mehr auf der Parkbank lag und »Geh zurück und lass mich hier sterben« jammerte.

Zum Glück für mich. Arthur hätte sonst nämlich bestimmt sofort kapiert, was ich hier veranstaltet habe.

So wirft er sich aber nur auf seine Isomatte und stöhnt: »Nie wieder. Ich rauche nie, nie wieder.« Dann rollt er auf die Seite. »Nie wieder so viele hintereinander, meine ich.«

»Alles klar«, sage ich.

»Als was gehen wir zur Star Trek Convention?«, haucht er.

»Dinesh geht als Ferengi«, sage ich.

»Ich will nicht schon wieder als Ferengi gehen«, sagt Dinesh. Als er zum ersten Mal mit uns zu einer Star Trek Convention gegangen ist, kannte er noch keine einzige Folge, und wir haben behauptet, dass die Ferengis die coolsten Typen überhaupt sind. Er hat erst später rausgefunden, dass es gar nicht so cool ist, ein Ferengi zu sein, haha!

»Ich gehe wie immer«, sage ich.

»Ich auch wie immer«, sagt Arthur und schläft ein.

Meine Frage, wer von den Schauspielern kommt, damit wir

die Fotos fürs Autogrammalbum ausdrucken können, beantwortet er schon gar nicht mehr.

Jasons Gedenkaccount hat fast zweihundertfünfzigtausend Follower. Ein ziemlich bekannter Blogger aus New York will die Sache vor Ort untersuchen. Er bittet Jasons Familie, ihn zu begleiten.

Ein Journalist von einer überregionalen deutschen Zeitung hat einen Link zu einem Artikel gepostet. Darin schreibt er: »Ein enger Freund der Familie berichtet, dass das Krankenhaus bereit war, eine hohe Summe Schmerzensgeld zu zahlen, wenn Stillschweigen über den Vorfall gewahrt wird. Noch sind allerdings keine Gelder geflossen, weil sich die Familie das Recht, die Ärzte wegen eines Kunstfehlers zu verklagen, vorbehalten will.«

Ein enger Freund der Familie? Hallo? Wer soll das denn sein?

Der nächste Post ist wieder ein Link. Eine Bloggerin schreibt, sie hätte sich mit der Krankenschwester unterhalten, die Jason in seinen letzten schweren Stunden begleitet hat. Diese Krankenschwester will keine Namen nennen und bleibt auch selbst anonym, aber sie bestätigt, dass Jasons Tod die Folge einer katastrophalen Fehldiagnose war. Weiter berichtet sie von den unhaltbaren Zuständen im Krankenhaus.

Krankenschwester? Drehen jetzt alle durch?

Constanze hat nun beschlossen, tatsächlich eine Stiftung in Jasons Namen zu gründen und damit die Familien zu unterstützen, deren Kinder durch medizinische Kunstfehler ums Leben gekommen sind oder darunter leiden. Das Posting hat über dreitausend Kommentare, und alle dreitausend scheinen von der Idee total begeistert zu sein.

Konnte Tannenbaum überreden, am Wochenende eine Party steigen zu lassen, zu der die gesamte Nachbarschaft eingeladen ist. Und meine Klasse. Und von mir aus auch die Oberstufe. (Das war Rattes Idee, der mit seinen beiden Kumpels immer noch hier rumhängt. Aber wenigstens gehen sie wieder in die Schule, sodass ich mit Tannenbaum allein bin und in Ruhe Chemie und Mathe und Bio und Physik pauken kann. Und ich kriege natürlich immer noch jeden Tag eine Extrastunde Astrophysik.

Constanze kommt hoffentlich auch zur Party.

Gestern Nacht noch mit Mama Einladungen entworfen und ausgedruckt. Habe sie in der gesamten Nachbarschaft verteilt. Arthur, Piesel und Ratte haben den Rest mitgenommen und in der Schule verteilt.

Henk hat einen Clip gepostet, indem er sich darüber lustig macht, wie uncool es ist, einem alten Sack zu helfen. Er fragt, was so schlimm dran sein soll, mal eben umzuziehen. Ihm geht die Sache sonst wo vorbei.

Constanze hat es gelikt.

Warum stößt sie mir nicht gleich ein Messer in den Rücken?

★ Freitag, 23.9., 17:06 Uhr

Meine Eltern zoffen sich.

Papa so: »Eine anständige Party braucht Musik!«

Mama: »Prima Idee.«

Papa: »Deshalb dachte ich mir, ich könnte ein kleines Kammerorchester zusammenstellen. Oder einfach nur Gesang, und ich begleite auf dem Flügel.«

Mama so: »Tannenbaum hat keinen Flügel. *Wir* haben einen Flügel.«

Papa: »Wir könnten die Party ausweiten. Wenn richtig viele Leute kommen, ist bei Tannenbaum sowieso nicht genug Platz.«

Mama: »Hör mir auf mit Kammermusik! Das passt doch überhaupt nicht zu einer *Party*!«

Und Papa: »Na ja, ich würde auch gerne etwas Sinnvolles beisteuern, und da dachte ich, wenn wir das Niveau der Party kulturell heben, dann fällt es den Leuten bestimmt leichter, mit der Sache zu sympathisieren ...«

Mama brüllt ihn an: »Niveau? Kultur? Soll ich jetzt vielleicht noch ein paar Bilder aus der Galerie holen und aufhängen und eine Ausstellung draus machen? Das da drüben ist eine Hausbesetzung, und ich sag dir was, wenn da jemand für Musik sorgt, dann bin ich das. Edvard, ich hoffe, du hast nicht aus Versehen meine Rage-Against-the-Machine-Playlist im Familienaccount gelöscht!«

Ich so: »Äh, Mama, willst du da jetzt auflegen oder wie?« Mann, ist das peinlich.

Und Mama: »Oh ja.« Und dann stapft sie aus dem Wohnzimmer. Wir hören sie türenschlagend durchs Haus trampeln.

»Wahrscheinlich sucht sie jetzt ihre Profikopfhörer und stellt dann eine Playlist aus ihren alten Playlists zusammen«, sagt Papa. »Die, für die du dich nie interessiert hast. Warum interessierst du dich eigentlich nicht für Musik?«

Ich zucke die Schultern. »Hier läuft doch den ganzen Tag Musik.«

»Aber du hörst gar keine eigene Musik«, sagt Papa und klingt, als würden wir uns gerade über mein Drogenproblem unterhalten.

»Papa, ich habe seit meiner Geburt den Kopf voll mit eurer Musik, da bin ich ganz froh, wenn es mal ruhig ist!«

Ich verziehe mich rüber zu Tannenbaum, wo so gut wie nie Musik läuft.

Wir gehen jetzt einkaufen für die Party.

Constanze schrieb unter Henks Clip, dass ihre Mutter zur Party geht, weil der Generalmusikdirektor (also mein Vater) etwas mit der Organisation zu tun hat und sie rumschleimen will, damit sie endlich eine Hauptrolle bekommt. Deshalb will Constanze nicht kommen!

Ich habe Papa angefleht, Constanzes Mutter auszuladen, aber er hat gesagt: »Ich hab ihr schon mehr oder weniger verboten zu singen, ich kann sie jetzt schlecht auch noch ausladen! Außerdem ist es nicht mal meine Party!«

Und ich so: »Aber dann kommt Constanze nicht!«

Papa hat keine Ahnung, wer Constanze ist. Ich habe keine Lust, es ihm zu erklären.

Henk schrieb unter Constanze: »Wenn du nicht hingehst, komme ich auch nicht.«

Constanze antwortete mit einem Smiley.

Da läuft etwas ganz gewaltig schief …

Ich würde gern mit Karli darüber reden, aber ich trau mich nicht. Ich habe seit Mittwoch nicht mehr mit ihr gesprochen und immer darauf geachtet, keine Sekunde mit ihr allein zu sein.

★ Freitag, 23.9., 22:58 Uhr

Habe als James Constanze angeschrieben und gefragt, was sie am Wochenende vorhat. Sie hat gesagt, sie wäre von einem ganz besonderen Menschen zu einer Party eingeladen worden und würde sich sehr drauf freuen. Es sei aber ein bisschen geheim.

Sie kommt also doch!

Kann nicht schlafen vor Aufregung.

Constanze kommt morgen!

Ratte hat die Party überall geteilt und alle möglichen Leute eingeladen. Es könnte voll werden ...

Der Jason-Gedenkaccount hat jetzt über dreihunderttausend Follower. Alle finden die Idee mit der Stiftung total super und fordern die Familie auf, sich endlich zu melden. Ich habe keine Ahnung, was ich antworten soll!

Kann nur noch an Constanze denken und dass sie morgen kommt! Wahrscheinlich hatte sie nur keine Lust, Henk etwas davon zu sagen. Oder sie wollte nicht, dass er kommt, weil sie kommt.

Mit Karli vorher zu üben war dann wohl doch ganz gut.

Habe aber immer noch das Gefühl, Constanze betrogen zu haben.

Ich weiß gar nicht, was ich zu ihr sagen soll. Vielleicht zeige ich ihr einfach ein paar Sternbilder. Das kommt wohl gut an bei den Mädchen.

Herr Tannenbaum ist auch ganz aufgeregt, er hat gesagt, jemand vom Fernsehen hätte angerufen und will vorbeikommen, um über die Hausbesetzung zu berichten.

Partybeginn! Constanze ist noch nicht da. Nur die Eltern von Arthur, seine Brüder, Dineshs Eltern, meine Eltern und die Eltern von Ratte und Piesel. Sie nennen die beiden übrigens nicht Ratte und Piesel, sondern Ralf und Peter. Und sie sind total normal, so was von normal, dass man sofort wieder vergisst, dass man sie gerade kennengelernt hat. Sie stehen nur rum und machen unbeteiligte Gesichter und scheinen nicht viel zu reden. Wenn man mal eine Weile wegschaut und dann wieder hinschaut, fragt man sich, ob die beiden sich überhaupt bewegt haben.

Irgendwie sind sie wie Statisten bei Star Trek, wenn sie auf einem neuen Planeten sind, und die Bewohner gehen paarweise über die Straße oder stehen irgendwo rum und machen eigentlich nichts, außer manchmal den Mund bewegen, als würden sie sich unterhalten. So sind die Eltern von Ratte und Piesel.

Herr Tannenbaum hat Bowle gemacht. Einmal mit, einmal ohne Alkohol. Ich probiere die gleich mal. Natürlich ohne. Ich muss klar denken können, wenn Constanze kommt.

Constanze ist immer noch nicht da. Aber schon viele aus meiner Schule. Und auch viele Eltern und Nachbarn. Und ein paar Lehrer. Mann, das wird ganz schön voll. Die Bowle ist super.

★ Samstag, 24.9., 17:12 Uhr

Die Typen vom Fernsehen sind da. Einer mit ner Kamera und einer nur so. Ich hab ihnen Bowle angeboten, wollten se aber nich. Sind mit Tannenbaum rein und haben geredet, und dann bisschen Leute gefilmt und die Bettlaken. Ich ihnen gesagt, dass ich die Bettlaken gemacht hab. Also ich und Mama. Und dass Constanze immer noch nich da is. Aber das hat se nich intressiert. Auch nich, dass keine Bowle mehr da is. Tannenbaum hat neue Bowle inner Küche. Hol ich ma.

★ Samstag, 24.9., 17:42 Uhr

connnnnnnnnnnnnnnnsrra cots contsannse is nich da

★ Samstag, 24.9., 17:53 Uhr

mir isso übel warummmmmm

★ Samstag, 24.9., 18:15 Uhr

schwillsterbnnnnnnnn

★ Samstag, 24.9., 18:26 Uhr

112

Den Magen ausgepumpt zu bekommen ist echt eklig. Mir tut der Hals so weh, ich kann gar nicht sprechen. Und Kopfschmerzen habe ich auch. Und mir ist so schlecht, ich kann bestimmt nie wieder was essen oder trinken. Der Notarzt hat gesagt: »Das ist das Blöde an Bowle, man merkt die Wirkung erst, wenn's zu spät ist.« Ob ich die Früchte gegessen hätte, wollte er wissen, und klar, die hab ich auch probiert, ich dachte, das macht man so. Sie haben mich rüber in mein Zimmer gebracht, und Papa hat die ganze Nacht bei mir am Bett gesessen und beim Kotzen geholfen. Ich hatte zwar nichts mehr im Magen, aber ich musste dauernd würgen und Galle spucken. Mann, war das eklig. Papa sah auch schon total grün im Gesicht aus, aber er war ganz tapfer und hat den Eimer ausgekippt und so Sachen. Er meinte, wahrscheinlich hätte ich irgendwann angefangen, von der falschen Bowle zu trinken, beide Sorten sahen sich nämlich verdammt ähnlich.

Mama war bei Tannenbaum und hat sich um die Musik gekümmert, bis die Party zu Ende war. Sie ist aber alle halbe Stunde zu uns rübergerannt, um nachzusehen, wie es mir geht.

»Du musst dich nicht schämen, Edvard«, hat sie gesagt, »das haben wir alle hinter uns. Wir reden in Ruhe darüber, wenn es dir wieder besser geht.«

Ich weiß nicht, worüber ich mit ihr reden soll. Meine Entscheidung steht fest: Ich trinke in meinem ganzen Leben nie wieder Alkohol. Ich kann gar nicht verstehen, dass irgendjemand freiwillig das Zeug trinkt, wenn man sich hinterher so fühlt.

Die Party war aber wohl toll, sagt Mama. Es waren zweihundert Leute da, und Tannenbaum war ganz glücklich, weil ihm alle gesagt haben, sie wollen ihn unterstützen, damit er für immer dort wohnen bleiben kann. Im Fernsehen haben sie auch schon was über ihn gebracht. Sie haben Nachbarn interviewt, die gesagt haben, dass Tannenbaum ein toller Typ ist (Mama hat gesagt, es waren alles Leute, die im Leben noch kein Wort mit Tannenbaum gewechselt haben und nur wegen des Essens und der Getränke zur Party gekommen sind), sie haben Pudel gezeigt, sie haben mich *nicht* gezeigt, was wahrscheinlich ganz gut war, und sie haben die Bettlaken gezeigt. Mama hat auch ein Interview gegeben, natürlich vor einem ihrer Laken.

Dann haben sie einen Anwalt gezeigt, der gesagt hat, dass alles schön und gut sei, aber Tannenbaum rechtlich gesehen nun mal aus dem Haus rausmüsse. Papa hat mir den Link zu dem Beitrag geschickt.

Constanze war nicht da. Aber sie hat einen Clip gepostet, da zeigt sie, wie sie auf der Party von einem Freund von Henks großem Bruder (der ist schon achtzehn) rumhängt und wie viel Spaß alle haben. Und sie bedankt sich noch tausend Mal bei Henk dafür, dass er sie mitgenommen hat, und Henk steht daneben und grinst und winkt in die Kamera und johlt rum.

James hat sie eine Nachricht geschrieben, sie hätte mit den coolen, älteren Jungs gefeiert, was natürlich vorher keiner wissen durfte, damit niemand neidisch wäre.

Haha. Wir versuchen hier, ~~mein Abitur zu sichern~~ Herrn Tannenbaum zu helfen, und sie amüsiert sich auf einer Party mit Achtzehnjährigen. ☹

Constanze war aber auch weiter auf dem Jason-Gedenkaccount aktiv. Sie hat ganz viele Links geteilt zu Artikeln, in denen von Jasons tragischem Ableben berichtet wird. Es sind jetzt schon dreihundertfünfzigtausend Follower.

Blöderweise hat Constanze alle dort aufgefordert, James zu kontaktieren und ihn zu bitten, sich endlich öffentlich zu melden. Jetzt hat James so viele Nachrichten, dass ich vermutlich meinen 18. Geburtstag verpasse, wenn ich sie alle auch nur lese.

Ich habe schon drüber nachgedacht, seinen Account zu löschen, aber dann könnte ich nicht mehr sehen, was Constanze postet. Oder Henk.

Habe eine offizielle Krankschreibung vom Arzt, dass ich diese Woche zu Hause bleiben muss. Ich kann immer noch nicht wieder richtig sprechen. Ich glaube, sie haben mir die Stimmbänder kaputt gemacht, als sie mir den Schlauch in den Hals gesteckt haben.

Vorhin schaue ich aus dem Fenster und sehe, dass in Tannenbaums Garten total viel los ist: Alle aus meiner Klasse helfen Tannenbaum beim Aufräumen! Zusammen mit Frau Kaygalak! Keiner hat mir was davon gesagt! Ich will mich schnell anziehen und rüberrennen, aber da kommt Mama ins Zimmer und sagt: »Nix da, du bist offiziell krank, und sprechen kannst du eh nicht. Du bleibst im Bett.«

»Aber Constanze ist da«, will ich sagen. Ich bekomme nur ein paar Zischlaute aus dem Hals.

»Ab ins Bett«, sagt Mama und verschränkt die Arme.

Als sie wieder unten ist, klemme ich mich mit meinem Fernrohr ans Fenster, um Constanze zu beobachten. Sie lacht die ganze Zeit über etwas, das Henk sagt. Dann legt Henk sogar einmal kurz den Arm um ihre Schultern und flüstert ihr etwas ins Ohr. Constanze lächelt ihn an und schließt die Augen.

Ich setze das Fernrohr ab, damit ich nicht wieder kotzen muss. Bevor ich mich ins Bett lege, schaue ich noch nach Arthur und Dinesh. Die beiden scheinen ganz gut drauf zu sein. Ich kann mich kein Stück mehr erinnern, was sie bei der Party gemacht haben. Dann läuft mir Karli vor die Linse, bleibt stehen und winkt mir zu. Ich verziehe mich schnell ins Bett, bevor mich noch jemand anderes sieht.

Jetzt sitzen sie alle in Tannenbaums Bibliothek. Sieht aus, als würde Tannenbaum eine Rede halten.

★ Montag, 26.9., 11:59 Uhr

Chatnachricht von Karli: »Leg dein blödes Fernrohr weg, du verpasst nix. Tannenbaum gibt uns gerade ne Extrastunde in Physik, alle finden es klasse, und Constanze ist seit dem Wochenende mit Henk zusammen.«

★ Montag, 26.9., 14:01 Uhr

Verweigere die Nahrungsaufnahme. Habe beschlossen, in den Hungerstreik zu treten.

★ Montag, 26.9., 16:22 Uhr

Mir ist langweilig.

Habe in James' Account keine einzige Nachricht beantwortet. Stelle mich einfach tot. Bin es vielleicht ja auch wirklich bald. Befinde mich schließlich im Hungerstreik.

Vierhunderttausend Follower bei Jason.

Constanze hat einen Clip hochgeladen, auf dem sie voll ernst ist und sagt, dass es nicht so einfach ist, eine Stiftung für Jason zu gründen. Sie hat um Vorschläge gebeten, was man stattdessen für die Familie tun kann.

Das war vor fünf Minuten.

Es gibt schon über vierhundert Antworten, und so ziemlich alle sagen, sie soll einfach ein privates Fundraising für die Familie einrichten. Mann, sind die alle scharf drauf, ihr Geld loszuwerden.

Ich bin völlig am Ende wegen Constanze und Henk, und außerdem habe ich so einen Hunger, dass ich mich gar nicht richtig konzentrieren kann.

★ Montag, 26.9., 23:02 Uhr

Kühlschrank geplündert. Ich habe den Gouda gegessen, einen halben Camembert, ungefähr zweihundert Gramm Seranoschinken, dazu noch den Kräuterquark, ein halbes veganes Schnitzel, das heute Mittag wohl jemand übrig gelassen und für morgen in den Kühlschrank gelegt hatte, zwei Bananen und eine Tüte Dinkelsalzstangen.

Anschließend musste ich wieder kotzen. Bin völlig fertig.

Vielleicht hätte ich mit dem Essen noch ein bisschen warten sollen. So auf ausgepumpten Magen. Jetzt tut mir der Hals noch viel mehr weh. Und der Magen. Überhaupt tut mir alles weh.

Karli hat mir wieder eine Nachricht geschrieben: Sie ist mit Arthur, Dinesh, Piesel, Ratte und dessen Freunden bei Tannenbaum und hält die Stellung. Alle lassen mich grüßen. Leider hat Mama niemanden reingelassen, als sie mich besuchen wollten, nicht mal Tannenbaum. Wie es mir geht, will sie wissen. Ich schreibe zurück, dass ich am liebsten sterben würde. Sie schreibt mir: »Constanze ist eine hirnlose Kuh und hat dich nicht verdient.«

Sie hat *mich* nicht verdient? Da hat Karli wohl was verwechselt.

Constanze hat in ihrem Profil jetzt »in einer Beziehung« stehen. Henk bei sich auch. Mann, ist das *schlecht.*

Aus dem Bett gefallen, weil tierisch laute Musik durchs Haus dröhnt. Ich denke, es ist etwas passiert, und renne runter. Mama steht vor der Stereoanlage und dreht an irgendwelchen Knöpfen.

»Verdammt, ich hatte das Mistding schon so lange nicht mehr an«, flucht sie.

Ich drehe die Musik leise. Sie hört sonst immer über Handy oder Laptop Musik, meistens mit Kopfhörern. Die Stereoanlage hat echt lange niemand mehr benutzt. Ich wusste gar nicht, dass wir noch CDs haben. Auf dem Boden liegen mindestens fünfzig verstreut.

»Wasnlos?« Ich flüstere, weil ich immer noch nicht richtig sprechen kann.

Sie zuckt die Schultern und lässt sich auf ein Sitzkissen fallen. »Ach, ich wollte mal wieder ein paar alte Alben hören.«

»Du hörst dauernd alte Alben.« Sprechen tut echt noch ganz schön weh.

»Ich meine richtig alte Alben aus meiner Punkphase. Was ich zu Hausbesetzerzeiten gehört hab. Stiff Little Fingers zum Beispiel. Was ich heute noch höre, sind die eher gemäßigten Sachen.«

Wenn das gemäßigt ist, was Mama sich da teilweise reinzieht, dann will ich gar nichts über ihre Punkzeiten wissen. Einmal habe ich auf einem Foto gesehen, wie sie in meinem Alter aussah – dagegen ist Piesel ein echt anständiger, gut gekleideter junger Mann.

»Und wieso morgens um sechs?«

»Ich kann nicht schlafen.«

Das ist komisch. Mama kann immer und überall schlafen.

»Ist was passiert?«, frage ich.

»Nein. Nur in meinem Kopf. Ich musste daran denken, wie es damals war. Als wir noch gekämpft haben für eine bessere Welt. Gerechter, sozialer, schöner, grüner. Wir wollten helfen und etwas verändern. Und was mache ich heute?« Sie redet nicht weiter.

Ich soll wohl antworten. Ich sage: »Na ja, du verdienst Geld wie alle Eltern, und du kümmerst dich um mich. Und um Papa. Und er kümmert sich genauso um uns. Oder so.«

»Ich gehe jeden Tag in diese verdammte Galerie und berate stinkreiche Idioten, wo sie sich welches Bild in die Wohnung hängen können und ob es farblich zum Sofa passt. So viel zu Kunst. So viel zu Rebellion.«

Ich überlege einen Moment und reibe mir dabei die Augen, damit ich sie endlich richtig aufkriege. »Wärst du lieber arbeits- los?«, flüstere ich.

Sie seufzt. »Unsinn. Ich weiß nur nicht mehr, ob ich mir gegenüber ehrlich bin mit dem, was ich den ganzen Tag mache. Dein Vater und ich, wir sind genau da angekommen, wogegen wir früher gekämpft haben, und bei deinem Vater scheint es sogar das Richtige zu sein. Er liebt seinen Job, er *ist* sein Job, er könnte gar nichts anderes im Leben machen. Aber ich ...« Sie schüttelt den Kopf, und als ihr die Haare ins Gesicht hän- gen, schiebt sie sie nicht zur Seite. Aus der Stereoanlage plärrt immer noch irgendein Punk, aber er plärrt ganz leise. »Weißt du, ich habe irgendwann wohl die falsche Abzweigung genom- men. Edvard, tu mir einen Gefallen, mach immer nur das, was du wirklich von Herzen willst. Und jetzt ab ins Bett, du siehst schrecklich müde aus!« Sie lächelt mich an. »Na los, zwei Wochen am Stück mehr oder weniger blaumachen, das würde anderen Jungs in deinem Alter gut gefallen.«

Ich nicke und gehe wieder in mein Zimmer.

Manchmal wünsche ich mir echt normale Eltern.

Bis zwölf gepennt! Aufgestanden und zu Tannenbaum gerannt.

Er will wissen, wie es mir geht, ich kann immer noch nicht wirklich viel sprechen. Er erzählt mir in allen Einzelheiten von der Party. Ich würde natürlich viel lieber etwas über die andere Party erfahren, bei der Constanze war.

Tannenbaum erzählt auch von dem Fernsehbeitrag.

»Der Anwalt hat recht, ich muss das Haus räumen«, sagt er.

Und ich denke mir: Dann sollten wir jetzt endlich mit dem Unterricht weitermachen, damit ich noch so viel wie möglich von ihm lerne, bevor er wegzieht.

Er hat schon richtig viele Kisten gepackt. Die Bücherregale sind so gut wie leer. Es sieht traurig aus.

Später kommen Arthur, Dinesh und Piesel, was mich nervt, weil dadurch mein Unterricht vorbei ist. Kurz darauf stehen Ratte und seine bekloppten Freunde völlig panisch vor der Tür. Sie haben vergessen, dass sie übermorgen eine Mathearbeit schreiben, und jetzt kümmert sich Tannenbaum nur noch um die drei.

Constanze hat James geschrieben, wie glücklich sie jetzt mit Henk ist. Sie fragt ihn, ob er auch eine Freundin hat.

★ Dienstag, 27.9., 22:00 Uhr

Fünfhunderttausend Jason-Follower, und die Links zu Beiträgen über sein tragisches Schicksal stapeln sich. Irgendwo ist jetzt auch noch ein Interview mit dem Sanitäter aufgetaucht, der Jason angeblich ins Krankenhaus gebracht hat. Natürlich bleibt der Sanitäter anonym. (Ist ja klar, ES GIBT IHN JA AUCH NICHT!) Die spinnen alle. ALLE.

Und Constanze postet einen Clip nach dem anderen, in dem sie erzählt, dass sie sooooo glücklich ist mit diesem schwachsinnigen Henk (der ständig an ihr dranklebt und ihr das Ohr ableckt).

Karli hat auch einen Account. Habe ich gerade erst entdeckt, als ich zum Spaß ihren Namen eingegeben habe. Kann ihr aber schlecht als James einfach so ne Nachricht schicken, das wäre komisch.

Vielleicht schalte ich mein eigenes Profil wieder frei, dann kann ich sie mal ganz normal anschreiben.

Obwohl, wenn man einen komplett leeren Account hat, ohne irgendwelche Videos, sieht das echt scheiße aus, oder?

Ich muss immer noch zu Hause schlafen, Papa sagt, ich bin noch nicht ganz gesund und außerdem vom Arzt so richtig in echt krankgeschrieben, da soll ich doch bitte in meinem eigenen Bett übernachten und nicht irgendwo auf einer Luftmatratze. (Das ist gar keine Luftmatratze bei Tannenbaum, sondern eine Isomatte!)

Tannenbaum muss doch gar nicht umziehen!

Es ist alles ganz einfach. Das ist mir irgendwie im Schlaf oder so eingefallen, jedenfalls bin ich vorhin wach geworden, und mir war völlig klar, was ich tun muss. Ich habe Constanze geschrieben (als James). Mich dafür bedankt, dass sie sich immer noch so um Jasons Andenken bemüht, vor allem jetzt, wo sie doch einen Freund hat. Dann habe ich ein Video aufgenommen und auf dem Jason-Gedenkaccount allen für ihre Anteilnahme gedankt, und sie müssen bitte verstehen, dass die Familie Ruhe wünscht, und dass es nicht wahr ist, was über das Krankenhaus geschrieben wird, und dass es aber jemanden gibt, den Jason sehr verehrt hat und der jetzt in großer Not ist: Prof. Dr. Daniel Tannenbaum, Autor des Astronomie-Klassikers »Sterne«. Ich lasse James' amerikanische KI-Stimme sagen: »Mein kleiner Bruder Jason ging nirgendwohin ohne dieses Buch. Als er nach Deutschland kam, hatte er das Glück, den Professor persönlich kennenzulernen. Er half ihm, in Physik vom schlechtesten zum besten Schüler zu werden, und nach der Schule wollte Jason sogar Physik studieren! Nun haben wir von Freunden gehört, dass Prof. Tannenbaum dringend Hilfe braucht.« Hier habe ich einen Link zum Fernsehbeitrag eingeblendet. »Wenn ihr also etwas in Jasons Sinne tun wollt, helft diesem Mann. Er braucht dringend eine Million Euro. Ihr seid mehr als fünfhunderttausend Leute. Spätestens am Freitag benötigt er das Geld.«

Ich arbeite noch eine Weile an der Optik rum, bis ich ganz zufrieden bin, und lade den Clip hoch.

Eine Minute später habe ich ein paar Hundert Likes. Und

die Ersten antworten auch schon: »Super Idee, das machen wir«
und »Endlich können wir etwas für Jason tun« und ähnliches
Zeug.

Ich (als James) schreibe Constanze eine Nachricht, ob sie
es bitte übernehmen kann, das Fundraising für Professor Tannenbaum aufzusetzen. Ich schreibe ihr Tannenbaums Adresse
auf (James kann ja nicht wissen, dass sie die Adresse kennt!),
verabschiede mich von ihr, und dann lösche ich James' Profil.

Jetzt bin ich hellwach.

Und total aufgeregt.

Tannenbaum ein bisschen beim Packen geholfen, dann über Rote Zwerge gesprochen. Habe keine Ahnung, was Constanze macht. Hätte James' Account doch nicht löschen sollen.

Karli lächelt mich dauernd an, und ich weiß nicht, was ich machen soll. Ich kann nicht normal mit ihr reden, weil ich ja dauernd daran denken muss, dass ich meine Zunge in ihrem Mund hatte. Und umgekehrt. Das ist schon komisch. Ich weiß gar nicht, wie das sein soll, wenn man eine Freundin hat und das dauernd macht und irgendwo hingehen muss, in die Schule zum Beispiel, und sich nicht im Bad einschließen kann. Ich meine, man kann doch nicht den ganzen Tag mit einem Ständer rumlaufen.

Karli sitzt im Unterricht NEBEN mir!

Ich darf nicht mehr daran denken.

Bin schon ganz wund.

Was Constanze und Henk wohl machen.

...

Okay, das hilft. Wenn ich an Constanze und Henk denke, hat sich das mit dem Ständer erledigt. Ich kann also möglicherweise doch in die Schule gehen, ohne unangenehm aufzufallen.

Mama hat mir eine Salbe für überreizte Haut hingelegt.
Wie hat sie das denn mitbekommen?!
PEIIIIINLICH!!!!!!!!!!!!!!!!

Alarm! Tannenbaum hat fertig gepackt, sich einen LKW gemietet und wollte heute schon ausziehen. Ich konnte ihn gerade noch davon abhalten, die Bettlaken abzuhängen.

»Wo wollen Sie denn hin? Sie haben doch noch gar keine neue Wohnung!«, sage ich.

»Ich lagere meine Sachen ein und mache vier Wochen Urlaub an der Ostsee, und in der Zeit überlege ich, wo ich mir eine neue Bleibe suche.«

»Eine neue Bleibe an der Ostsee?« Ich bin fassungslos. Dass jemand außer meinen Eltern freiwillig an die Ostsee fährt!

»Vielleicht sogar an der Ostsee. Ich weiß es wirklich noch nicht.«

»Aber … können Sie denn nicht noch einen Tag länger bleiben?« Ich Depp hätte nie den Account löschen dürfen. Ich kann jetzt gar nicht mehr nachsehen, was Constanze postet. Mist. Vielleicht kriegt sie das Geld gar nicht zusammen?

»Edvard, du schaffst die Schule auch ohne mich, glaub mir. Schau dir Ratte und seine Kumpels an. Die schreiben heute Mathe, und ich wette mit dir, dass sie morgen, wenn sie die Arbeit zurückkriegen, nicht wie sonst mit einer 5 rechnen müssen.«

»Ja, wegen Ihnen!«

»Nein, weil sie sich hingesetzt und gelernt haben«, sagt Tannenbaum.

»Quatsch, das liegt nur an Ihnen! Wenn Sie was erklären, dann macht es Spaß!«

»Dann müsst ihr eben versuchen, auf andere Weise Spaß am Lernen zu haben. Aber dazu braucht ihr nicht mich.«

In meinem Kopf purzelt alles durcheinander. Ich kann ihm ja schlecht sagen, dass ich versucht habe, das Geld für ihn zusammenzubekommen, damit er sein Haus kaufen kann. Am Ende klappt es nicht! Oder soll ich es ihm doch sagen? Aber wenn es nicht klappt? Oder doch? Oder nein?

Und dann purzeln die Gedanken weiter, und einer fällt mir sozusagen direkt in den Mund: »Ich wette mit Ihnen, dass Ratte, Noffi und Kugel trotzdem eine 5 haben. Wenn nicht ne 6.«

»Wetten nicht?«, sagt Tannenbaum. »Um was?«

»Riesenpizza bei Luigi.« Luigi ist der Italiener vorne an der Straße. Er war, glaube ich, auch bei Tannenbaums Party. (Ich kann mich ja nicht so gut erinnern.)

Tannenbaum lacht. »Du willst wirklich, dass ich noch einen Tag bleibe, was? Na gut, die Wette gilt.«

Ich schlage ganz schnell ein, als er mir die Hand hinhält.

Wenigstens das hab ich schon mal geschafft.

»Dann muss ich mich gar nicht mehr so beeilen«, sagt er.

»Ich denke, Sie sind eh schon mit allem fertig?«

»Ja, aber ich wollte dich noch ins Planetarium einladen. Wenn ich eine Nacht länger bleibe, kann ich dich ins Planetarium *und* anschließend in die Sternwarte einladen!«

Dieser Mann darf auf gar keinen Fall wegziehen!

Wenn Constanze morgen nicht mit dem Geld von ihren Jason-Followern kommt, muss mir irgendetwas anderes einfallen.

Nur was?

Vielleicht rufe ich Constanze mal an?

★ Donnerstag, 29.9., 13:58 Uhr

Constanze hat mich einfach weggedrückt. Fünf Mal!

Auf meine Textnachricht mit dem wirklich unschuldigen Inhalt
»Na, wie geht's dir?« antwortet sie: »Lass mich in Ruhe!«

Chatnachricht bekommen. War nur Karli. Sie schreibt: »Wir kommen heute nach der Schule nicht vorbei, Sportfest! Ganz vergessen zu sagen!«

INTERESSIERT MICH NICHT! Ich gehe ja mit Tannenbaum ins Planetarium! 😊

Aber ich brauche dringend einen Plan B. Ich habe Papa gefragt, wie das ist, ob er nicht einen Kredit aufnehmen kann, um Tannenbaum das Geld vorzuschießen, aber er sagt, dass das nicht geht. Mama, die heute zu Hause Mittag gemacht hat, hat ganz, ganz böse geschaut und anschließend ein paar Türen zugeknallt. Dann haben wir nur noch den Motor von ihrem Auto aufheulen hören, und schon war sie weg.

Es war sooo super! Ich habe auch fast wieder meine normale Stimme, obwohl ich vor lauter Aufregung gestern Abend Tannenbaum ununterbrochen zugelabert habe.

Mann, hatte ich vielleicht Sprechdurchfall! Aber es war so toll, und ich konnte gar nicht mehr aufhören, darüber zu reden.

»Edvard, ich war dabei! Ich weiß, was wir gesehen haben!«, sagte er. Trotzdem. Ich hab ihn auch gelöchert, weil ich wissen wollte, was es alles für Berufe gibt, die man so machen kann, wenn man Astrophysik studiert, und was man noch studieren kann und überhaupt.

Tannenbaum hat zwar gelacht und gesagt, dass ich eine ganz schöne Nervensäge bin, aber ich glaube, es hat ihm auch Spaß gemacht, darüber zu reden. Jedenfalls hat er mir von diesem wahnsinnigen Riesenteleskop erzählt, dass sie in der Atacamawüste in Chile gebaut haben. Es heißt Alma, das steht für Atacama Large Millimeter / Submillimeter Array, aber was das ganz genau bedeutet, weiß ich nicht. Er sagt, es ist das leistungsfähigste Teleskop, das es von der Sorte gibt! Und er kennt sogar jemanden, der an der Programmierung gearbeitet hat. »Wenn du willst, kann ich ihn dir vorstellen. Ein sehr netter, intelligenter Typ. Er heißt David.«

»Ist er auch ein Astrophysiker?«

»Nein, er ist Informatiker.« Dann erklärte er mir, was so besonders an Alma ist: Damit kann man sehr weit entfernte und sehr kalte Objekte sehen, die man mit anderen Teleskopen nicht entdecken kann. Und Alma ist Teil des Event-Horizon-

Telescope-Projekts, und die ersten Bilder von einem Schwarzen Loch kamen auch von diesem Teleskop. Es klingt so aufregend!

Ich will sofort nach Chile!

Wette verloren! NATÜRLICH! Muss jetzt Papa anpumpen, damit ich Tannenbaum die Pizza bezahlen kann.

Noffi und Kugel haben zehn Punkte, also eine 2−, und Ratte dreizehn, das ist eine 1−. Die drei sind so stolz, sie haben Tannenbaum umarmt und sogar hochgehoben, und dann haben sie sich zum Feiern in sein Gartenhäuschen gesetzt und mit Bier angestoßen. Tannenbaum hat sich nicht mehr eingekriegt vor Lachen.

Ich so zu ihm: »Und Sie wollen echt ganz weit von uns wegziehen?«

Jetzt schaut er ein bisschen verregnet. »Ihr werdet mir fehlen.«

»Was, wenn Sie vielleicht doch hierbleiben könnten?«

»Das wäre schön. Aber es geht nicht.«

Ich zucke die Schultern.

Schule ist schon aus, aber von Constanze ist nichts zu sehen.

Karli schreibt: »Seid ihr bei Tannenbaum?«

Ich antworte nicht. Blöde Frage, das.

Aber ich habe immer noch nichts von Constanze gehört.

Karli hat noch mal geschrieben, dass sie und Arthur und Piesel heute nachsitzen mussten, weil sie irgendwelche Hausaufgaben vergessen hatten vor lauter Rumhängen bei Tannenbaum. Und Dinesh taucht ja nur auf, wenn wir uns alle zusammen treffen.

Habe ihr zurückgeschrieben: »Glück gehabt, dass Tannenbaum bis morgen früh bleibt, ihr müsst doch Tschüss sagen!«

Mal sehen, wann sie heute kommen.

Papa ist rübergekommen und hat mit uns gequatscht. Tannenbaum hat Papa versucht zu erklären, was ich an Astrophysik gut finde, weil Papa das gar nicht verstehen kann und immer drauf wartet, dass ich doch mal was Künstlerisches mache.

»Nicht so was Trockenes«, sagt er.

»Aber das ist alles andere als trocken«, protestiert Tannenbaum.

»Gut, dann eben nicht trocken, sondern theoretisch.«

»Der Junge interessiert sich eben dafür, wie die Dinge zusammenhängen. Was die Welt im Innersten zusammenhält, wenn ich da mal den guten alten Faust zitieren darf. Oder Goethe, wie Sie wollen.«

»Und was ist aus ihm geworden, aus dem Faust?«, ruft Papa.

»Und was ist aus Goethe geworden? Mal abgesehen davon, dass ihm seine naturwissenschaftlichen Schriften wichtiger waren als sein literarisches Werk. Sie dürfen nicht übersehen, dass die Physik sehr viele interdisziplinäre Arbeitsfelder zulässt.«

Und so ging es dann ewig hin und her, und ich habe nicht immer alles kapiert. Am Ende wollte Papa mitgehen zum Essen, und mir ist eingefallen, dass dann ja keiner da ist, falls Constanze auftaucht. Also habe ich die beiden schon mal zu Luigi vorgehen lassen und einen Zettel an die Tür gemacht: »Sind bei Luigi«, so mit Lageplan und allem. Zur Sicherheit habe ich noch ein paar Minuten gewartet.

Aber sie kommt nicht.

Gehe jetzt auch zu Luigi.

★ Freitag, 30.9., 18:30 Uhr

Karli kommt mit den anderen zu Luigi rein UND HAT DEN ZET-
TEL DABEI! Wie soll uns Constanze denn jetzt finden? Sie will
sich neben mich setzen, ich reiße ihr den Zettel aus der Hand
und sage: »Gleich wieder da.«

Dann renne ich los, was das Zeug hält.

Vielleicht sollte ich doch mal mehr Sport machen, manchmal ist es ganz praktisch, wenn man ein bisschen sportlicher ist.

Jedenfalls, ich rase zu Tannenbaums Haustür, total geschwitzt und alles, und da stehen Constanze und ihre Mutter
und klingeln.

Constanze!

Sie hat es geschafft!

Ich strahle sie an, aber sie verzieht nur das Gesicht und
schaut ganz schnell weg.

Ihre Mutter sagt: »Oh, hallo Edvard, ist dein Vater auch
da?«

Ich sage: »Wo, da?«

»Na ja, ich weiß nicht, zu Hause?«, fragt sie und klingt ein
bisschen verunsichert.

»Er ist mit Herrn Tannenbaum bei Luigi. Wir essen gerade
Pizza.«

»Und was machst du dann hier?«, fragt Constanze und
klingt ein bisschen genervt.

»Ich wollte den Zettel an die Tür hängen.« Ich zeige ihr den
Zettel.

»Für wen ist der?«, fragt sie.

Ich will gerade sagen: »Für euch!«, aber dann fällt mir ein, dass ich ja gar nichts von James weiß. Fast hätte ich mich verraten. »Für, äh, Mama.« Die kommt nämlich gerade mit zerzausten Haaren und starrem Blick anmarschiert.

»Wo ist Herr Tannenbaum?«, fragt sie und ignoriert Constanze und ihre Mutter komplett.

»Hallo, Frau de Vigny!«, zwitschert Constanzes Mutter.

»Tach«, brummelt Constanze.

Mama sieht aus, als würde sie jetzt erst bemerken, dass die beiden da sind. »Ach, Frau ... äh ... Ja. Haben Sie sich in der Tür geirrt?«

»Wir sind alle bei Luigi«, sage ich schnell. »Die warten schon auf uns, komm, Mama!«

»Und dein Vater ist da auch?«, fragt Constanzes Mutter.

Ich gehe schnell los. Die drei folgen mir, aber es ist eher zäh. Ich muss alle paar Meter stehen bleiben und auf sie warten. Mama sieht aus, als wäre sie mit den Gedanken in einem Paralleluniversum, Constanze spielt mies gelaunt mit ihrem Smartphone rum, und ihre Mutter zieht sich im Gehen den Lippenstift nach und zupft die Haare zurecht.

Bin irgendwann einfach vorgelaufen, sitze jetzt auf der Treppe und warte auf die Damen. O Mann. Das sieht alles nicht gut aus. Wenn Constanze das Geld hätte, hätte sie doch gelächelt, oder? Und warum bringt sie ihre Mutter mit? Wahrscheinlich ist es so: Ihre Mutter wollte zu Papa, hat ihn nicht angetroffen, ist rüber zu Tannenbaum, um da nach ihm zu suchen. Und Constanze ist nur zufällig dabei.

Mir ist schlecht.

Ich weiß gar nicht, wo ich anfangen soll.

Vielleicht alles einfach der Reihe nach. Damit ich nichts vergesse. Also.

Constanze, ihre Mutter und Mama haben noch ewig gebraucht, um bis zu Luigi zu kommen. Keine Ahnung, warum. Jedenfalls gehe ich rein und setze mich wieder an den Tisch, und Tannenbaum sagt gerade zu Papa: »... und die Vermieterin kommt morgen früh gleich als Erstes. Sie sagt, sie legt keinen Wert darauf, mir zu begegnen, ich soll den Schlüssel einfach ins Zeitungsrohr legen, und auf die Miete für den letzten Monat verzichtet sie gerne, solange ich keinen Ärger mehr mache und endlich gehe.«

»Na, hoffentlich zieht die nicht selbst ein, wenn Sie weg sind«, sagt Papa. Und dann starrt er zur Tür. Mama kommt gerade rein. »Julia, wie siehst du denn aus?«

»Ich muss dir was sagen, David. Es ist sehr wichtig, und ...«

»Ich muss auch was sagen«, trötet Constanze.

»Mann, hat die eine Quäkstimme«, raunt mir Karli zu.

»Oh, Herr de Vigny, Sie hätte ich hier ja gar nicht erwartet«, zwitschert Constanzes Mutter. »Leider sehen wir uns ja nur so *selten*.« Sie lacht. Es hört sich irgendwie albern an, wie sie lacht. So wie kein Mensch in echt lacht.

»Das lässt sich nicht vermeiden, wenn man nur Nebenrollen singt«, sagt Mama. Ich glaube, sie will es gar nicht laut sagen, aber sie kann nicht anders.

»Hallo Herr Tannenbaum?« Constanze zeigt auf Tannenbaum.

Tannenbaum gibt sich sichtlich Mühe, sie zuzuordnen. »Ah, du bist doch ...«

»Constanze, aus meiner Klasse«, raune ich ihm zu.

»Äh, also, ich bin eine Freundin von Jason«, sagt Constanze.

Tannenbaum hebt die Augenbrauen.

»Der war mal Ihr Nachhilfeschüler. Erzähl ich Ihnen nachher«, flüstere ich ihm ins Ohr. Verdammt, daran hatte ich gar nicht gedacht! Wenn Tannenbaum nicht mitspielt, kippt die ganze Sache!

»Äh, Jason, ja«, sagt Tannenbaum und grinst unsicher in Richtung Constanze. Zwischendurch schielt er zu mir.

»Ja, jedenfalls, Jason. Der ist nun leider gestorben, und weil das alles so schrecklich war, wollten wir seiner Familie helfen. Aber die hat gesagt, dass Sie Jasons großes Vorbild waren und er sicher gewollt hätte, wenn wir Ihnen etwas Gutes tun, weil Sie doch gerade so ein Problem haben.« Sie schaut ihre Mutter unsicher an. »Habe ich etwas vergessen?«

»Gut so, mein Kind, weiter.«

Ich mache mir fast in die Hosen vor Aufregung. Gleich gibt Constanze ihm das Geld, Tannenbaum kann sein Haus kaufen, und alles wird gut. Denke ich so.

Ich liege voll daneben.

Constanze sagt nämlich: »Jason war nicht nur ein großer Fan von Ihnen, sondern auch von meiner Mutter. Und deshalb singt sie nun für Sie ... sein Lieblingslied. Es heißt ›Männer suchen stets zu waschen‹, von Beethoven.«

»Von Mozart. Und es heißt: ›Männer suchen stets zu naschen‹, mein Schatz.« Constanzes Mutter strahlt. Sie gibt Constanze einen leichten Stoß mit dem Ellenbogen, und Constanze tippt stöhnend auf ihrem Smartphone herum, bis eine etwas blecherne Klaviermusik daraus ertönt.

Dann singt ihre Mutter los.

Papa schaut ganz gequält. Mama rollt mit den Augen. Tannenbaum schaut mich fragend an, und ich zucke die Schultern. Luigi macht hinter der Theke wilde Gesten, die danach aussehen, als wollte er jemandem die Kehle durchschneiden. Und alle anderen ziehen lange, verstörte Gesichter. Ratte, Noffi und Kugel rücken sogar ein gutes Stück mit ihren Stühlen nach hinten. Constanzes Mutter kann ja bestimmt ganz gut singen, aber – sie singt echt ein bisschen laut, also, wenn man so direkt vor ihr sitzt.

Als sie endlich fertig ist, dauert es ein paar Sekunden, bis wir begreifen, dass wir klatschen müssen. Hätte sie nicht die ganze Zeit »Danke, danke!« gerufen und sich in alle Richtungen verbeugt, hätten wir es wohl nie kapiert.

Sie quetscht sich mit einem Stuhl zwischen Papa und Tannenbaum und sagt zu Tannenbaum: »Mein Beileid, es ist schrecklich, einen guten alten Freund zu verlieren!«

Tannenbaum nickt nachdenklich.

Dann dreht sie sich zu Papa und schwallt ihn voll. Papa sieht nicht sehr begeistert aus und versucht, Blickkontakt mit Mama aufzunehmen, die an der Theke steht und sich von Luigi ein Glas Wein hat geben lassen. Sie trinkt einen ganz großen Schluck und kommt an unseren Tisch.

»Ich wollte auch noch was sagen«, sagt sie und schafft es kaum über das allgemeine Gemurmel. »David, ich habe eine Entscheidung getroffen, und ich würde gerne ...«

Constanze drängelt sich vor sie. »Nee, Moment, ich bin noch nicht fertig.«

Mama verdreht wieder die Augen, trinkt ihr Glas in einem Zug leer und geht zurück an die Theke.

»Also, danke, Mama, das war sehr, sehr beeindruckend, und Jason hätte es ganz bestimmt gefallen. Noch mal bitte Applaus für meine Mutter!« Sie fängt an zu klatschen. Ich sehe zu Karli, die so lahm klatscht wie ein kaputter Spielzeugseehund zum Aufziehen. Sie schaut mich an und hebt fragend die Augenbrauen. Ich zucke die Schultern. Constanzes Mutter steht auf, verbeugt sich und flötet: »Danke, danke!« Dann lässt sie sich wieder auf ihren Stuhl fallen und kaut Papa das Ohr ab.

»Ja, und dann wäre da noch etwas, Herr Tannenbaum«, sagt Constanze. »Jasons Familie wollte keine Blumen oder so was zur Beerdigung und hat stattdessen dazu aufgerufen, Ihnen Geld zu spenden, damit sie das Haus kaufen können.« Sie hält ihm ihr Smartphone unter die Nase. »Hier. Das ist der aktuelle Stand des Fundraisings. Kann sein, dass es bis Montag mehr wird.« Sie steckt das Smartphone wieder weg und sagt: »Können wir jetzt gehen, Mama, ich bin fertig.«

»Ach, setz dich hin und trink eine Cola! Oder einen Saft! Du siehst doch, dass der Herr Generalmusikdirektor sich noch mit mir unterhalten will.«

»Oh, äh, nein, wenn Sie gehen müssen«, sagt Papa schnell.

Constanze stöhnt genervt und geht einfach. Sie dreht sich nicht mal mehr um. Ich glotze ihr immer noch hinterher, als die Tür schon längst zu ist, und würde am liebsten losheulen.

»Ich weiß ja nicht genau, wie du das gemacht hast«, höre ich Karlis Stimme direkt an meinem Ohr. »Aber ich weiß, dass du hinter der Sache steckst. Habe ich recht?«

Ich sehe sie erschrocken an. »Woher weißt du das?«

»Geraten. Und jetzt erzähl.«

Ich schüttele den Kopf. »Später. Vielleicht. Ist ne lange Geschichte.«

»Und warum darf das keiner wissen?«

»Ist auch ne lange Geschichte.«

»Und wer ist Jason?«

»Ich habe doch gesagt, es ist ne lange Geschichte«, sage ich. Also, jetzt nervt sie mich wirklich.

Karli macht mich ganz nervös. Deshalb stehe ich auf und gehe zu Mama. Die steht immer noch an der Theke und trinkt schon wieder ein großes Glas Wein.

»Wolltest du nicht noch was erzählen?«

Sie schüttelt den Kopf. »Das kleine Biest hat mir die Show gestohlen.«

»Constanze? Ich finde Constanze sehr …«

»Edvard, dein Frauengeschmack bessert sich in den nächsten Jahren hoffentlich noch.«

»Nein, sie ist …«, will ich protestieren, aber dann bleibe ich lieber beim Thema. »Was wolltest du denn erzählen?«

Sie zuckt die Schultern. »Ich habe die Galerie verkauft.«

»Hä?«

»Ja. War nicht das Richtige für mich. Wollte ich nicht mehr machen. Also habe ich sie verkauft, und jetzt stehe ich hier mit dem ganzen Geld, das ich dafür bekommen habe, und wollte Tannenbaums Haus kaufen. Aber das hat sich ja nun erledigt.« Sie bestellt sich noch einen Wein.

»Du wolltest für Tannenbaum das Haus kaufen?«

»Hörst du eigentlich auch mal zu, wenn ich was sage?«, sagt sie.

»Und … und was machst du jetzt? Bist du jetzt arbeitslos?«

»Irgendwie schon.«

»Musst du zur Arbeitsagentur und bekommst Bürgergeld?«

Sie stöhnt laut. »Lernt ihr eigentlich gar nichts in der Schule über das Leben? Nein, kein Bürgergeld, ich habe das Geld von der Galerie, damit mache ich einfach etwas anderes. Tannenbaum braucht es ja nicht mehr, und irgendwas fällt mir schon ein. Keine Sorge, du wirst nicht verhungern, und umziehen müssen wir auch nicht.«

»An so was hab ich gar nicht gedacht.«

»Ihr lernt wirklich nichts Brauchbares in der Schule«, sagt Mama und kippt ihr nächstes Glas Wein.

»Du«, sage ich. »Finde ich klasse von dir, dass du Tannenbaum so helfen wolltest.«

Mama zuckt mit den Schultern. »Du bist schuld daran. Ohne deine Hausbesetzeraktion hätte ich nicht angefangen, über alles nachzudenken. Danke, Edvard. Prost.« Sie zwinkert mir zu und trinkt ihr drittes Glas aus.

»Constanzes Mutter hat's aber ganz schön mit Papa«, sage ich.

»Oh ja«, sagt Mama.

»Willst du ihn nicht retten?«, frage ich.

»Er ist alt genug. Komm, wir gehen zu Tannenbaum und gratulieren ihm.«

Wir haben dann noch bei Luigi bis nach Mitternacht gefeiert. Mama hat gesagt, wir können essen und trinken, so viel wir wollen, sie zahlt alles, und es war eine echt schöne Feier.

Tannenbaum hat mich irgendwann zur Seite genommen und gesagt: »Edvard, ich werde das Gefühl nicht los, dass du mein Maskottchen bei der ganzen Sache warst. Und jetzt erzähle mir von Jason.«

Ich schlucke. »Es gibt gar keinen Jason«, sage ich.

Tannenbaum schaut mich ernst an. »Will ich das wissen?«

Ich zucke mit den Schultern. »Vielleicht besser nicht. Ich glaube, so ganz astrein war das alles nicht.«

Und dann lacht er. »Na gut, mein Junge, ich frage nicht mehr nach. Aber eins ist mal sicher: Deine Nachhilfe bei mir ... da müssen wir noch mal drüber reden.«

»Was? Wollen Sie aufhören? Das können Sie nicht machen, ich brauche Sie!«

Er lacht wieder. »Und ich brauche dich! Als Gegenleistung bringst du mir bei, wie man sich eine Homepage einrichtet.«

Ich frage ihn, wozu er eine Homepage braucht.

»Vielleicht, um mein Nachhilfegeschäft ein bisschen auszubauen. Scheint gut zu funktionieren. Sieh dir Ratte und seine Kumpels an.«

»Da brauchen Sie keine Homepage«, sage ich, ganz aufgeregt, dass Tannenbaum *mich* um einen Gefallen bittet. »Da brauchen Sie einen Social Media Account und so Sachen. Also, ich erkläre Ihnen das mal.« Und das habe ich dann auch.

Zum Abschied hat mich Karli ein bisschen auf die Wange geküsst, dann ist sie ganz schnell verschwunden.

Die anderen wurden von ihren Eltern abgeholt, und wir sind gemütlich nach Hause gegangen.

So ein schöner Abend!

(Wenn nur Constanze auch geblieben wäre ...)

★ Samstag, 1.10., 17:37 Uhr

Star Trek Convention ist suuuuper! Wir haben Noffi und Kugel mitgenommen, sie gehen beide als Ferengis und kommen richtig gut an, ha ha!

Habe einen Account für Tannenbaum eingerichtet und gleich einen kleinen Clip mit ihm gedreht.

Und ich bin wieder unter meinem Namen da: Edvard Gregory Walter de Vigny. Wir waren ja gestern auf der Star Trek Convention, und da habe ich ganz viele Fotos und Videos gemacht, die ich gleich hochladen konnte. Die deutschen Stimmen von Spock und ein paar anderen haben Autogramme gegeben. Und der Schauspieler, der ganz früher Wesley Crusher gespielt hat, war da. Ich habe mich zwar mit ihm fotografieren lassen (Dinesh hat das Bild gemacht), aber ich kann ihn nicht wirklich leiden. So ein Besserwisserstreber. Dinesh findet ihn ganz toll, ha ha.

Ich habe schon ein paar neue Follower. Außer Tannenbaum nämlich Arthur und Dinesh und Piesel und Ratte und ein paar Kumpels von Ratte und dann noch Leute, die ich gar nicht kenne, die aber wohl auch auf der Convention waren. Und Karli war übrigens die Erste, die mir gefolgt ist!

Bei Karli steht als Profilbeschreibung: »... kennt jemanden, der zaubern kann. Mit Sternen und so.«

Wen die alles kennt.

Constanze hat auch meinen neuen Account sofort geblockt. Sie hat aber gleich bei Tannenbaum alles gelikt und seinen Clip geteilt!

Geht's noch?

Karli schreibt im Chat: »Vergiss die Zicke.«

Ich schreibe: »Ich weiß gar nicht, wen du meinst.«

Karli schreibt: »Genau. Und Hunde können fliegen.«

Ich schreibe: »Wenn ich Pudel vom Balkon kicke, fliegt er ein Stück.«

Morgen muss ich wieder in die Schule. Die verlängerten Ferien fand ich eigentlich gut. So fast ganz ohne Henk in echt, zum Beispiel.

Über Tannenbaums Account, bei dem ich natürlich Admin bin, kann ich Constanzes Clips sehen. Sie hat ein komisches Video von sich mit supergenervtem Gesicht gepostet, und als Text erscheint: »Manche Jungs küssen echt supereklig!«

In ihrem Profil steht nichts mehr von »in einer Beziehung«.

Henk hat morgen bestimmt ganz schlechte Laune.